La Passion

DE

Jésus-Christ

Drame Sacré en neuf Parties et dix-sept Tableaux

PAR

Le Chanoine L.-M. DUBOIS

Missionnaire apostolique, Docteur en théologie.

Représentée en 1904 et 1905, sous la direction de M. l'Abbé Spoden, vicaire à Saint-Ambroise, par les Jeunes Gens du Patronage Saint-Pierre-Saint-Paul.

EN VENTE CHEZ L'AUTEUR

26, Boulevard Bineau, 26

LEVALLOIS-PERRET (Seine)

OUVRAGES DU MÊME AUTEUR

ŒUVRES HISTORIQUES

L'Infaillibilité pontificale dans ses rapports avec l'Eglise et l'Etat, traduit de l'anglais du R. P. Botalla, S. J. 2 volumes in-8°. Oudin, imprimeur. Poitiers.

Manuel du Tiers-Ordre de Saint Augustin, Nantes.

Notre-Dame du Bon Conseil, en France et en Italie, (épuisé).

Sainte Radegonde, reine de France et patronne de Poitiers, (épuisé).

Rochefort et les pontons de l'île d'Aix, (cinquième mille).

13 mois et demi d'épiscopat en Orient.

ŒUVRES ORATOIRES

L'Ame de la Patrie, discours prononcé à Rochefort en l'honneur des Marins morts aux colonies.

La Religieuse, son passé, son avenir en Jésus, discours prononcé à Nantes pour la profession de quatre pauvres Dames Clarisses.

Panégyrique de Saint Grégoire de Nazianze, prononcé dans l'église de Saint-Julien-le-Pauvre, Paris.

L'oraison funèbre de S. B. Mgr Grégoire Youssef, patriarche grec-melchite-catholique d'Antioche, d'Alexandrie, de Jérusalem et de tout l'Orient.

Un patriarche d'Orient, ses droits, son élection, discours prononcé pour l'élection de S. B. Mgr Pierre Géraigiry, patriarche grec-melchite-catholique d'Antioche d'Alexandrie, de Jérusalem et de tout l'Orient.

L'ordination dans l'église latine et dans l'église grecque.

La Passion

DE

Jésus-Christ

Drame Sacré en neuf Parties et dix-sept Tableaux

PAR

Le Chanoine L.-M. DUBOIS

Missionnaire apostolique, Docteur en théologie.

Représentée en 1904 et 1905, sous la direction de M. l'Abbé Spoden, vicaire à Saint-Ambroise, par les Jeunes Gens du Patronage Saint-Pierre-Saint-Paul.

EN VENTE CHEZ L'AUTEUR

26, Boulevard Bineau, 26

LEVALLOIS-PERRET (Seine)

PERSONNAGES

LE CHRIST
PIERRE
JACQUES
JEAN
JUDE
BARTHOLOMÉE
MATTHIEU
SIMON
THADDÉE
JUDAS
TROIS AUTRES APOTRES, rôles muets.
LAZARE
CAIPHE
ANNE
EPHRAIM, marchand et sanhédrite.
SADOC, sanhédrite.
BEN-JOEL, sanhédrite.
MALCHUS
ELYMAS
NAHUM
BARUCH } soldats du Temple.
ABRAHAM, marchand et faux témoin.
HÉLIAS, marchand et faux témoin.
ELIE, portier de Caïphe.
HELCANA
JÉHU } serviteurs de Caïphe.
UN AUTRE SERVITEUR ou MYRIAM, servante de Caïphe.
JOSUÉ, juif de la foule.
PILATE, proconsul romain.
LONGIN, centurion.

JOSEPH D'ARIMATHIE

NICODÈME

DISMAS, larron.

GISMAS, larron.

BARRABAS

JULIUS

MARTIAL

SCIPION   } soldats romains.

ALBUS

QUATRE BOURREAUX

MARIE, mère du Christ.

MADELEINE

VÉRONIQUE

JEANNE

MARIE SALOMÉ

MARIE, mère de Jacques.

Plusieurs saintes femmes, des gardes, des valets, des sanhédrites, la Foule.

REMARQUES

(1) *Le nombre des acteurs peut être diminué.* Il est facile de faire réapparaître les mêmes sous divers costumes, par exemple : Lazare peut représenter aussi Pilate ; les soldats du Grand Prêtre peuvent être ceux du Proconsul ; les Apôtres peuvent devenir les personnages des derniers tableaux.

(2) *Les rôles des femmes peuvent être enlevés,* si l'on y voit quelque inconvénient, sans nuire à l'action.

(3) *Les décors sont peu nombreux.* Il suffit de modifier un peu le Cénacle, pour en faire la chambre du conseil, le tribunal de Caïphe et celui de Pilate ; le jardin des Oliviers devient facilement le Calvaire.

(4) *La durée du drame peut être réduite à trois heures au plus.* Nous avons indiqué les scènes et les passages qui peuvent être supprimés.

(5) *Les figures de la Passion.* Il nous aurait été facile de les indiquer ; nous n'avons pas voulu sortir du *Drame de la Passion,* ni le rendre trop long pour qu'il puisse être représenté sur les scènes les plus petites.

La Passion de Jésus-Christ

Drame Sacré en neuf Parties et dix-sept Tableaux.

PREMIÈRE PARTIE

Le triomphe du Christ et les vendeurs du Temple.

Le théâtre représente les portiques du Temple.

LE CORYPHÉE

Ah ! si fidèle au Dieu qu'ont désiré tes pères,
Du Messie à jamais tu restais le séjour ;
Les heures, ô Sion ! pour toi les plus prospères
Seraient celles qui vont s'écouler dans ce jour !

Le peuple tout entier dans ses mains a des palmes
Pour honorer le Christ, son Seigneur et son Roi ;
Jérusalem, c'est lui ton maître, tu l'acclames ;
Demain, devant sa mort, tu trembleras d'effroi.

Oui ! Pendant que la foule est pleine d'allégresse,
Les ennemis du Christ forment de noirs complots ;
Du Sauveur méprisant la divine tendresse,
Contre lui de la haine ils entassent les flots.

Qu'importe le méchant ! Son pouvoir éphémère
Se brisera, Seigneur, au pied de votre croix ;
Le chrétien vous bénit dans votre peine amère,
Et dit à vos genoux : Je vous aime et je crois.

PREMIER TABLEAU

L'entrée à Jérusalem.
Jésus chasse les vendeurs du Temple.

SCÈNE PREMIÈRE

EPHRAIM, ABRAHAM, HÉLIAS. *Plusieurs marchands
derrière des tables sur lesquelles sont des balances, des pièces
d'argent, des tapis, des cages, etc...*

EPHRAIM

Nos étals que l'on voit dressés sous les portiques,
Annoncent d'Israël les coutumes antiques.

ABRAHAM

Oui, le Galiléen, ou le Juif étranger,
Peut immoler l'agneau pascal et le manger,
Sans violer la loi, trois jours avant la fête.

EPHRAIM

Verrons-nous dans Sion notre nouveau prophète ?

HÉLIAS

Ah ! le Nazaréen !

ÉPHRAIM

Serait-il donc venu ?

ABRAHAM

Oui !

HÉLIAS

Parfait !

ABRAHAM

Oh ! parfait ! Le proverbe est connu :
Quelque chose de bon sort-il de Galilée ?

HÉLIAS

Oui ! l'argent ! Ils ont tous une bourse gonflée
En se rendant au Temple afin d'adorer Dieu.

ABRAHAM, *en riant.*

Quand ils s'en vont, elle est plus maigre quelque peu
Du prix de nos agneaux, des pains et des colombes.

HÉLIAS

Ne faut-il pas payer les saintes hécatombes
Que les pieux croyants immolent sur l'autel ?

ABRAHAM

Sans doute et, dans Sion, tout se vend au mortel.

EPHRAIM

Le plus saint à nos yeux sera celui qui paie...

HÉLIAS

Et le culte avant tout est dans notre monnaie.

ABRAHAM

Tout s'achète à bon prix dans l'auguste local.

HÉLIAS

Mais aussi que d'impôts pendant ce temps pascal !
Les prêtres pour les murs de leur saint édifice !
Les Romains et Caïphe avec le sacrifice !
Tous viennent réclamer pour mille et mille objets,
Et du dernier lévite on nous voit les sujets.

ABRAHAM

On vient. *(D'une voix de fausset.)*
          De beaux agneaux !

EPHRAIM

                    J'ai le sicle du Temple.

HÉLIAS

Mes tapis de Damas veulent qu'on les contemple.

SCÈNE II

LES MÊMES, CAIPHE, ANNE, BEN-JOEL, PLUSIEURS PRÊTRES

CAIPHE

Salut ! amis !

TOUS, *se levant.*

Salut ! Caïphe !

CAIPHE, *sombre et irrité.*

                    Quel affront !
Là ! sous mes yeux de tels forfaits s'accompliront !

EPHRAIM

Seigneur ! D'où peut venir cette sainte colère ?

ABRAHAM, *à part.*

C'est un tribut nouveau.

HÉLIAS, *à part.*

Tu pourrais lui déplaire.

EPHRAIM, *à part.*

Silence ! *(A Caïphe.)*
Quel objet vous irrite sitôt ?

CAIPHE

Quel objet ! Lui ! Cet homme ! Il sera là bientôt !
Ah ! si vous étiez Juifs ! Mais non ! Pour le Grand-Prêtre
Nul ne se dévouerait et ne prendrait le traître.

EPHRAIM

Mais ce traître, Seigneur ?

CAIPHE

Vous ne devinez pas ?
On l'acclame, et pour lui je rêve le trépas.

TOUS

Nommez-le.

CAIPHE

Lui ! Jésus de Nazareth entraîne
Le peuple sur ses pas en soulevant la haine
Contre le Temple et moi, contre les Juifs et vous.
De quel droit parle-t-il en maître parmi nous ?
De quel droit guérit-il l'infirme sans licence ?
De quel droit admet-il que le peuple l'encense ?
A cette heure, on le voit par la foule entouré,
Comme un autre David, il s'avance honoré.

TOUS

Ce Jésus !

CAIPHE

Je le hais ! *(Après un instant.)*
Par le Temple, je jure
De payer à prix d'or les jours de ce parjure.
(On entend des clameurs.)
Ecoutez-les,

SCÈNE III

LES MÊMES, PLUSIEURS SANHÉDRITES,
LA FOULE DANS LE LOINTAIN.

LA FOULE

Au Christ ! Gloire ! Triomphe ! Honneur !
Béni celui qui vient dans le nom du Seigneur !
Hosannah ! Gloire au Fils de David !

LES SANHÉDRITES

Quel blasphème !

CAIPHE

Qui donc pourrait prétendre à cet honneur suprême ?

LA FOULE

Hosannah !

JOSUÉ, *une palme à la main.*

Doux Seigneur ! Bénissez mon enfant.

ANNE

Comme un roi, voyez-le s'élever triomphant !

EPHRAIM

Sur son humble monture un peuple l'environne ;
Ses cheveux d'or flottants lui font une couronne.

CAIPHE

Quel orgueil ! Ce Jésus de Nazareth oser
Sous les palmes ainsi devant moi s'avancer !

LA FOULE, *qui entre avec des palmes.*

Hosannah !

HÉLIAS

Regardez.

(Tous se détournent avec des gestes de haine.)

LA FOULE

Alleluia !

ANNE

La foule,
Agitant des rameaux, joyeuse se déroule.

1.

ABRAHAM

Il parle à des païens !

ANNE

Pourquoi s'en étonner
Quand à la femme impure il a su pardonner.

EPHRAIM

Le voici !

SCÈNE IV

LES MÊMES, LE CHRIST ENTOURÉ PAR SES APO-
TRES, LA FOULE AVEC DES PALMES. *Les Pha-
risiens et les Grands-Prêtres se retirent sur un côté de la
scène.*

LA FOULE

C'est le roi d'Israël !

BEN-JOEL, *avec un geste.*

Vous ! silence !

LA FOULE

Hosannah !

LES PHARISIENS

Malheureux !

BEN-JOEL

C'est assez d'insolence !

JOSUÉ

Il a sauvé Lazare en sa tombe endormi.

CAIPHE

Lazare !...

JOSUÉ

Le Sauveur a pleuré, puis frémi.

CAIPHE, *à Anne.*

Nous le verrons !

JOSUÉ

Sa voix a retenti puissante !
« Lazare, viens dehors ! » a-t-il dit. L'âme, absente
Depuis plus de trois jours, a soudain ranimé
Celui que dans la tombe on avait enfermé.

LA FOULE

Hosannah ! Gloire à Dieu ! Paix au ciel ! à la terre !

BEN-JOEL, *au Christ.*

Maître, vous entendez ces cris, faites-les taire.

LE CHRIST

S'ils ne proclamaient pas ma gloire dans ce lieu,
Des pierres monteraient des voix.

PLUSIEURS

O Fils de Dieu !
O Seigneur tout-puissant ! vous êtes le Messie.

ANNE

Au nom de Jéhovah le peuple l'associe !

CAIPHE, *aux Pharisiens.*

Voilà que tout le monde accourt auprès de lui !

JOSUÉ

Sur Sion, dans ce jour, votre splendeur a lui.

PHILIPPE

Maître, voyez ce Temple et cette ville immense.

LE CHRIST *regarde le Temple et la foule
avec tristesse, des larmes coulent de ses yeux.*

Jérusalem ! Hélas ! quelle est donc ta démence ?
Que de fois tes enfants que j'avais appelés,
Mon cœur par ses bienfaits les avait assemblés !
J'ai fait comme la poule, alors que vigilante
Elle met sa couvée encore chancelante
Sous ses ailes, afin de la mieux réchauffer.
Ma voix ! Tes cris pervers sont venus l'étouffer,
Et tu n'as pas voulu m'entendre, ô ville ingrate !
Rien n'a pu détourner ta haine scélérate !
Tu fis périr mes saints ! Hélas ! proche est le jour
Où je ne pourrai plus te montrer mon amour.
Tes ennemis viendront cruels et sans entrailles ;
Fermant par des fossés l'accès de tes murailles,
Ils prendront la cité que nul ne défendra.
Le Temple par le fer et le feu tombera.
De toi qui vers le ciel élève la paupière,

Il ne restera plus, hélas ! pierre sur pierre.

BEN-JOEL, *à Caïphe.*

Contre Jérusalem sera-t-il le plus fort ?

CAIPHE

Il a maudit Sion… il mérite la mort.

LE CHRIST, *à ses apôtres.*

La Pâque après deux jours viendra. Le Fils de l'Homme
Sera livré… Le bois l'attend pour qu'il consomme
L'œuvre sainte à laquelle il était destiné.
Il restera deux nuits dans la tombe enchaîné ;
Mais, au troisième jour, il aura la victoire,
Et vous serez enfin les témoins de sa gloire.

LA FOULE

Alleluia ! Triomphe ! Hosannah ! Paix ! Honneur !
Béni celui qui vient dans le nom du Seigneur !

CAIPHE, *avec haine.*

O peuple ! tu n'as pas changé. Ta frénésie
Te précipite encor jusqu'à l'apostasie.
Lassé de mon pouvoir, par de nouveaux forfaits
Tu méconnais de Dieu l'amour et les bienfaits.
(Après un instant, aux Sanhédrites.)
Il faudra de Lazare éclaircir le mystère.
Vous le convoquerez pour l'apprendre à se taire.
Quant au Christ… *(Aux Sanhédrites.)*
Mais partons, il croirait qu'en ces lieux
Moi, Caïphe, je puis me montrer à ses yeux,
Pour tenter avec lui quelque lutte insensée.
(A Anne.)
Viens, tu pénétreras le fond de ma pensée.
(Les Grands-Prêtres et les Pharisiens sortent.)

SCÈNE V

LES MÊMES, moins LES SANHÉDRITES.

Le Christ regarde les marchands,
il s'avance vers eux avec une colère concentrée.

LE CHRIST

Mais que vois-je en ce lieu? Des marchands! des changeurs!
De mon Père irrité craignez les coups vengeurs.
(Il saisit un fouet.)

Vos colombes ici sont de trop.
(Il renverse les paniers qui s'ouvrent, des colombes s'envolent)
En arrière !
De ma sainte maison, maison de la prière,
Vous faites la caverne où siègent les voleurs.
Quand vous vendez l'encens, vous vous moquez des pleurs
De celui que la foi conduit au sacrifice.
Vos trafics odieux souillent cet édifice.
(Il chasse les derniers marchands. Ephraïm reste en se cachant derrière une colonne. Judas regarde l'or qui est sur la terre avec envie.)

LES MARCHANDS, *en s'enfuyant.*

Mes colombes ! mon or ! Pour moi plus d'acheteur !
Mes tapis sont perdus ! ô fourbe ! ô séducteur !

LA FOULE, *applaudissant.*

Hosannah dans les cieux ! Que Sion soit en fête !
C'est le Fils de David ! C'est le plus grand prophète !
(Jésus entre dans le Temple suivi de ses disciples et de la foule.)

SCÈNE VI

EPHRAIM ET JUDA

(Ephraïm qui ramasse les pièces d'argent jetées à terre par le Christ, pendant que Judas le regarde.)

EPHRAIM, *à Judas qu'il arrête.*

Ne m'avais-tu pas dit que Dieu le conduisait ?

JUDAS

Sans doute.

EPHRAIM

A t'écouter mon âme se plaisait.
Je le voyais si grand, ton Christ, dans ses miracles,
Et si purs sur sa lèvre éclataient les oracles
Que cent fois j'ai voulu te suivre. Tu le vois ;
Il viole du Temple et le culte, et les lois.
Avec lui plus d'autel et plus de sacrifice.
De quel droit ose-t-il commettre l'injustice ?
Mon or n'est pas à lui ; je l'ai gagné. Vois-tu
Ce qu'il en fait, Judas ? Quelle est donc sa vertu ?

JUDAS

Je ne sais pas.

EPHRAIM

Je sais que son acte est impie,
Je sais qu'un sacrilège avec la mort s'expie,
Je sais que le Grand-Prêtre a maudit ton Jésus,
Je sais que ses amis ne l'acclameront plus.

JUDAS

Tu sais...

EPHRAIM

Oui, le Conseil a jeté l'anathème
Sur le Nazaréen pour punir son blasphème.

JUDAS

Mais...

EPHRAIM

Tu peux t'éloigner d'un maître dangereux.

JUDAS

Que devenir ?

EPHRAIM

A-t-il de l'or ?

JUDAS

Il dit heureux
Ceux qui ne tiennent pas aux biens de cette terre.

EPHRAIM

Vous avez pu l'entendre et nul ne l'a fait taire ?
Mais tes profits alors ?

JUDAS

Pour mes profits ?... Hélas !

EPHRAIM

De le servir ainsi je serais bientôt las.
Tu devrais sans retard songer à ta fortune.
L'occasion pour toi se présente opportune.
Si quelque Juif prudent au Conseil le livrait ;
Caïphe, je le sais, largement le paierait.

JUDAS

L'abandonner ! oh ! non !

EPHRAIM

Réponds, que peut cet homme ?
En face du Conseil, de Caïphe et de Rome ?
A quoi s'expose-t-il ? Et, s'il est condamné,
A quel triste avenir n'es-tu pas destiné ?
Ne vaudrait-il pas mieux obéir au Grand-Prêtre ?
En méprisant la loi, Judas, n'es-tu pas traître ?
Tu trahis, en effet, puisque tu suis les pas
D'un maître que Sion ne reconnaîtra pas.
Si j'étais son ami, je voudrais le contraindre
A parler hautement, devant tous et sans feindre.
Pour cela, je saurais moi-même le livrer
A ceux dont le devoir est de tout éclairer.
Ce serait tout profit pour le nouveau prophète
Que tu pourrais sauver en protégeant ta tête.
Souviens-toi, mon ami, qu'un pauvre a toujours tort,
Et gagne l'amitié de Caïphe et son or.

(En s'en allant.)

Au fond, qu'il soit ou non condamné, que m'importe !

SCÈNE VII

JUDAS, *seul.*

C'est vrai. Le nom du Christ est là, sur une porte,
Et le Conseil l'affiche avec ses ennemis.
A qui le livrera des trésors sont promis...
Caïphe le rejette...   *(Après un instant.)*
     Alors pourquoi le suivre ?
Au milieu des périls, avec lui, dois-je vivre ?
Mais les Juifs ont voulu déjà le lapider.
Je vois leurs espions autour de lui rôder.
Un des leurs plus heureux le saisira peut-être,
Et c'est lui qui sera payé par le Grand-Prêtre.
(Après un instant.)
Mais le livrer !... Pour de l'argent ! Oh ! non ! Jamais !
Ne vaudrait-il pas mieux l'éviter désormais ?
(Après un instant.)
Mais comment ? Malgré moi, je sens sa main divine
Me retenir... Et sa majesté me domine...
Quand la première fois, au Jourdain, je le vis,

Son amour m'appela, libre je le suivis.

(Après un instant.)

Et je veux... Mais l'effroi de mon âme oppressée
Arrête dans mon cœur plus sombre ma pensée.
Le livrer !... Je le puis... Mais je crains son regard.
J'ai peur...

(En s'en allant.)

A mon dessein, je songerai plus tard.

(Rideau.)

DEUXIÈME PARTIE

Les Adieux du Christ à sa Mère et l'excommunication du Sauveur par le Sanhédrin.

Le théâtre peut encore représenter le vestibule du Temple, car il est possible de supprimer les adieux du Christ et de sa Mère. Il n'y a pas d'inconvénient à faire passer au Temple cette scène d'adieux.

LE CORYPHÉE

O Jésus, est-il vrai que la haine aveuglée
Refusera de voir en toi le Rédempteur ;
Que des prêtres hardis la foule rassemblée
    Rejettera son Créateur ?

A ceux que tu sauvas ils ne voudront pas croire,
Et Lazare sera pour les vaincre impuissant ;
Quand ils verront sa mort proclamer ta victoire,
    Ils oseront vendre ton sang.

O Judas ! tu viendras pour le trafic infâme !
D'un côté, c'est l'argent, de l'autre, c'est ton Dieu :
Tu scelleras le prix auquel tu vends ton âme
    Par un baiser dans le Saint-Lieu.

O Jésus ! je comprends votre souffrance extrême,
Quand votre cœur aimant fut obligé d'unir
Le cœur de votre mère à cet adieu suprême
    Dont rien ne put la prémunir.

Pleurez, femmes, pleurez ; vous comprenez Marie,
Venez lui confier vos amères douleurs ;
Elle a tant de bonté pour le cœur qui la prie,
    Que sa main essuiera vos pleurs.

DEUXIÈME TABLEAU
Les Adieux du Christ et de sa Mère.

SCÈNE PREMIÈRE

LE CHRIST, *seul, avec l'accent de la prière.*

Des humaines douleurs, mon Dieu, la plus amère
Est celle que je dois imposer à ma mère !

(Après un instant.)

Pour elle j'ai rêvé tant de gloire et d'honneur
Que je veux dans le ciel l'unir à mon bonheur,
Et que de mes élus elle sera la reine.

(Après un instant.)

Près de ma croix d'abord il faudra qu'elle apprenne
Combien je dois répandre et de sang, et de pleurs,
Pour qu'un mot de pardon apaise les douleurs
Que sème le péché de l'homme sur la terre.

(Après un instant.)

Si Dieu me frappait seul dans sa justice austère !

(Après un instant.)

Vierge pure ! O ma mère ! Ah ! que de fois vos yeux
Par des larmes troublés ont invoqué les cieux !
Que de fois je vous vis entr'ouvrir le Saint Livre
Pour mieux compter les jours qui me restaient à vivre !
Alors me contemplant d'un regard triste et doux,
Pour cacher votre émoi vous tombiez à genoux.
J'entends, dans sa douleur, votre voix qui s'élance...

(Après un instant.)

Et le glaive de Dieu sur nos fronts se balance !

(Le Christ regarde et dit avec angoisse.)

La voici ! J'attendais ce douloureux moment ;
Et Dieu seul de mon cœur voit le déchirement.

SCÈNE II

LE CHRIST. — MARIE.

MARIE

O mon Fils !

LE CHRIST

O ma mère !

(Ils restent silencieux.)

LE CHRIST

Au ciel est la patrie,
Mon Père nous appelle et pour vous je le prie.

MARIE

Ah ! je l'invoque aussi pour vous, ô mon Jésus !
Est-il vrai que bientôt je ne vous verrai plus ?

LE CHRIST

La justice de Dieu demande une victime,
Pour que du monde enfin soit effacé le crime.

MARIE, *hésitante.*

Du ciel ne pouvez-vous suspendre le dessein ?

LE CHRIST

C'est mon heure.

MARIE

O Jésus ! vous avez sur mon sein
Reposé si longtemps !

LE CHRIST

Dans celui de mon Père
J'ai choisi la douleur, je l'attends et l'espère.

MARIE

C'est vrai, vous l'attendez...
O jours doux et bénis !
Où j'attendais mon Fils et mon Dieu réunis
Dans cet enfant qu'en moi mon amour sentait vivre !
Alors, en méditant les pages du Saint Livre,
Je vous voyais si beau, vous étiez tant aimé,
Que le sanglant nuage à l'horizon formé
Par la crainte et l'orgueil, par la haine et l'envie,
Ne troublait pas les jours dont j'éclairais ma vie !...
Non, vous étiez David avec sa harpe d'or
Chantant son Dieu vainqueur dans les plaines d'Endor :
Puis Salomon régnant sur la sainte colline
Pendant que l'univers devant son roi s'incline.
Sion chante le prince à ses enfants promis,
Dont le nom est si grand qu'elle est sans ennemis,

Son roi, c'est vous, Jésus, mais aussi son prophète ;
Du ciel d'Adonaï, vous gravissez le faîte ;
Embrassant d'un regard le passé, l'avenir,
Sans être dans les temps, vous les voyez venir
Et les comptez.   *(Après un instant.)*
                    Alors je vous voyais prédire
Les triomphes du juste et quelquefois maudire
Le pécheur dans le mal à jamais obstiné.
Plus grand qu'eux tous, bientôt, lorsque vous seriez né,
Surpassant et Moïse, et le grand Isaïe,
Abraham, Daniel, vous seriez le Messie.

LE CHRIST

Je le suis.

MARIE

O mon Fils ! oui ! le Sauveur, c'est vous.

LE CHRIST

C'est l'heure de montrer que je le suis pour tous.

MARIE

C'est l'heure. Ah ! je le sais ! O douleur véritable !
Jésus, vous souvient-il qu'assis près de la table
Où pour nourrir mon Fils travaillait mon époux,
Vous lisiez de David le livre triste et doux ?
Vous le chantiez aussi de votre voix divine ;
Et vos accents montaient si purs sur la colline
Que des flammes souvent brillaient au fond des cieux :
Dans leurs élans divins, vos cantiques pieux
Ouvraient du Paradis les éternelles portes,
Et, sur vous descendant, les célestes cohortes,
Pour s'unir en silence à mon émotion,
Suspendaient un instant leur adoration.
Les Anges écoutaient d'un Dieu la voix humaine.
Souvent aussi j'ai vu les arbres de la plaine,
Former en frissonnant avec l'encens des fleurs
Un nuage d'amour sur leurs branches en pleurs,
Et l'astre au front d'argent, dans l'espace tranquille,
Jetant des feux plus purs demeurait immobile (1).
                    (Après un instant.)

(1) Cette tirade de la Vierge peut être supprimée.

Maison de Nazareth !

LE CHRIST
Grotte de Bethléem !

MARIE
O temple de Sion !

LE CHRIST
Monts de Jérusalem !

MARIE
O rêves disparus !

LE CHRIST
Avenir qui s'avance !

MARIE
Jésus ! De l'entrevoir, mon cœur tremble d'avance.
Vous, l'Homme-Dieu si pur, si puissant et si beau,
Pour avoir un autel, vous faut-il un tombeau ?
La mort ! O mon Jésus ! A son amour fidèle,
Une mère !... Immoler son enfant ! Le peut-elle ?

LE CHRIST
Ils perceront les pieds, puis ils cloueront les mains
Qui, bénissant toujours, guérissaient les humains.

MARIE
Ils pourront vous couvrir de crachats et de boue ?
Leurs indignes soufflets flétriront votre joue ?

LE CHRIST
Ils compteront mes os, tant je serai blessé.

MARIE
Prenant le vêtement que mes doigts ont tissé,
Ils tireront au sort, ô Jésus, votre robe ?
Faut-il que le méchant sans pudeur vous dérobe
Ce qu'une mère a fait avec tant de bonheur ?

LE CHRIST
Je veux tout lui donner pour lui rendre l'honneur.

MARIE
O Jésus ! O mon Fils ! O douce et sainte hostie !

LE CHRIST
Je ne puis oublier aucune prophétie.

MARIE

Et l'on vous trahira ?

LE CHRIST, *avec tristesse.*

Mère, de mes douleurs,
C'est la plus lourde, hélas ! et qui cause mes pleurs !
Un des miens qui s'assoit à ma table et qui mange
Le pain que je présente à sa main... triste échange !
Je le vois, pour de l'or, devant le ciel oser
Livrer son maître aux Juifs dans un lâche baiser.
Sans que nul souvenir, nul remords ne l'enchaîne,
Il se sert de l'amour pour me vendre à la haine.

MARIE

Moi ! je vous aime et veux mourir pour mon enfant.

LE CHRIST

Oh ! non !

MARIE

Mais avec vous !

LE CHRIST

Mon Père le défend.

MARIE, *avec douleur.*

Le baiser de Judas ?...

LE CHRIST

Craignez-vous qu'il efface
Des vôtres sur mon front la sainte et pure trace ?
Oh ! non jamais !

MARIE

Mon Fils !

LE CHRIST

Il me faudra goûter
Tout l'amour et le fiel qu'un cœur peut enfanter.
Ah ! si du moins sans vous je buvais le calice ?

MARIE

Mais je suis votre mère !

LE CHRIST

O terrible supplice !
Oui ! je dois vous unir, ô Marie, à mon sort !
Oui ! vous serez témoin de ma cruelle mort !

Je vous verrai souffrir, et d'un Fils la tendresse
Ne peut pas de sa mère amoindrir la détresse.
C'est du Seigneur sur moi l'auguste volonté.

MARIE

Je le sais !

LE CHRIST

Le décret par mon Père porté
Unira nos deux cœurs dans la même souffrance.

MARIE

Je vous suivrai partout jusqu'à la délivrance.

LE CHRIST

A la victoire aussi. Votre talon vainqueur
Ecrasera Satan, et son rire moqueur
Ne pourra pas blesser la vertu de la femme
Dont le nom est celui que je dis en mon âme,
Quand je veux de la terre admirer la beauté,
Et quand je veux toujours aimer l'humanité.

MARIE, *avec l'accent de la prière.*

O Jésus ! O Dieu bon !

LE CHRIST, *en prière.*

O mon céleste Père !
Vous avez commencé ma gloire par ma mère,
Et c'est par elle encor que vous l'achèverez,
Quand auprès de son Fils vous la couronnerez.
(Après un instant.)
Si vous avez toujours exaucé ma prière,
Puisque, devant ses yeux, ma mortelle carrière
Doit s'arrêter enfin sur le seuil du tombeau,
Laissez-moi lui montrer combien divin et beau
Est l'honneur que je dois gagner par ma défaite.
C'est l'humble qui des cieux devra gravir le faîte.
Ma gloire qu'ici-bas elle contemplera,
A l'heure de l'angoisse, ô Dieu, la soutiendra.
(Moment de silence, le Christ est rayonnant.)

MARIE, *transportée.*

O mon Fils ! O mon Roi ! J'accepte la souffrance
Qui mêle à vos douleurs une telle espérance !

Vous unissez mon âme à votre charité,
Je bénis du Très-Haut la sainte volonté.

DES VOIX CHANTENT, *(ad libitum.)*

Paix à tous sur la terre !
Dans le ciel, gloire à Dieu !
Son amour en tout lieu
Se répand salutaire !
Aux hommes que la charité
Remplit de bonne volonté,
Paix aussi sur la terre !
Dans le Ciel, gloire à Dieu !
Paix à tous, gloire à Dieu !

(La lumière s'évanouit, Marie revient à elle, elle se lève et s'approche du Christ, Lazare est entré pendant que Marie est encore en extase, il s'agenouille.)

Ah ! daignez m'accorder une suprême grâce :
De vos pas jusqu'au bout que je suive la trace !
Je plaindrai les méchants et je prierai pour eux,
Et vous serez, mon Fils, moins seul, moins malheureux.

LE CHRIST

Votre regard qui fut ma première tendresse,
De ce monde sera la dernière caresse.
Quand vos bras recevront le Christ inanimé,
Ma mère, devant Dieu, tout sera consommé.

(Le Christ bénit Marie qui sort ; Lazare se relève et regarde le Christ avec amour.)

TROISIÈME TABLEAU

L'excommunication du Christ.

SCÈNE PREMIÈRE

LE CHRIST — LAZARE

LAZARE, *montrant la Vierge.*

La Vierge dont le nom fait tressaillir les limbes !
De la gloire à son front j'ai vu briller les nimbes.

Quels accents, sur son luth, sa voix aurait tenté,
Si David avait vu sa royale beauté ? (1).

LE CHRIST

Je t'attendais, Lazare, et je voulais moi-même
Une dernière fois bénir celui que j'aime.
Devant le Grand Conseil les Juifs t'ont appelé ?

LAZARE

Pour moi le Sanhédrin est, dit-on, rassemblé.

LE CHRIST

Ils ne te croiront pas, mais seront plus coupables.

LAZARE

Ah ! Seigneur, vous pensez les Pontifes capables
De douter qu'un tombeau sur moi s'était fermé
Et que je gisais là, sans souffle, inanimé,
Quand, après quatre jours, votre voix souveraine
A de la mort pour moi brisé l'horrible chaîne ?

LE CHRIST

Je leur serai livré, tu ne les vaincras pas.

LAZARE

Pour défendre vos jours je m'attache à vos pas.

LE CHRIST

N'as-tu pas vu, Lazare, au fond du noir empire,
Comme après mon beau ciel chaque juste soupire ?

LAZARE

Oui, Seigneur ! Mais, là-bas, dans le sombre séjour,
Pour vous ne retentit qu'un doux hymne d'amour.

LE CHRIST

Lazare, n'as-tu pas, dans les profonds abîmes,
Connu combien est lourd le poids de tous ces crimes,
Par lesquels à jamais l'homme sera blessé,
A moins que sur la croix mon sang ne soit versé ?

LAZARE

Mais la croix, ô mon Dieu !

(1) Ces quatre vers peuvent être supprimés si l'on ne joue pas
le tableau des *Adieux du Christ et de sa Mère*.

LE CHRIST

La croix qu'on dit infâme
Deviendra précieuse au fils né de la femme.
Ses larmes couleront sur elle avec ferveur,
Quand elle aura rougi par le sang d'un Sauveur.

LAZARE

Ah ! pourquoi donc, ô Christ ! m'avoir rendu la vie ?
Quand vous voulez mourir, plus rien ne me convie
A goûter ici-bas ce qu'on dit le bonheur ;
Il n'est qu'avec vous seul et vous partez, Seigneur...

LE CHRIST

Tout homme est de la mort la quotidienne offrande,
Et son âme immortelle est seule noble et grande,
J'en suis le Rédempteur.

LAZARE

Des peuples désiré...

LE CHRIST

Je serai de Sion seule, hélas ! abhorré.
Puis un traître osera, dans sa triste caresse,
Du baiser des amis profaner la tendresse.

LAZARE

Mais son nom ?

LE CHRIST

Avec toi, tu m'as vu le bénir.

LAZARE

Lui, du sombre tombeau m'a-t-il vu revenir ?

LE CHRIST

Tu dormais par la mort enchaîné sous la pierre,
Quand le sommeil s'enfuit de ta pâle paupière,
Il était là... J'ai soif d'une pure amitié.

LAZARE

Mais la mienne, Seigneur ?

LE CHRIST

Du traître j'ai pitié...

(Après un instant.)

Il me faut accomplir toutes les Ecritures,
Toutes... et de mon cœur Dieu pèse les tortures,
Pour que la peine égale en moi l'iniquité,
Et que l'homme par moi soit enfin racheté.
Mais ne te trouble pas, ami, c'est dans le Père,
Qu'au milieu des douleurs, le Fils de l'Homme espère.
Avec lui, des tourments le Christ triomphera,
Et dans sa gloire enfin ton regard le verra.
Adieu !

(Lazare tombe à genoux.)

Je te bénis dans mon Père qui t'aime,
Ne crains rien. C'est au ciel qu'est le bonheur suprême.

SCÈNE II

LAZARE, *seul.*

Livrer le Christ aux Juifs !

(Il regarde vers les portiques.)
Voici Judas !... j'ai peur
De son front abaissé, de son regard trompeur.
Mais non... Il est apôtre et trahir !

(Lazare fait un pas.)
Viens, approche,
C'est moi qui suis sorti vivant de cette roche,
Où, depuis quatre jours par la mort enchaîné,
Mon corps à la poussière était abandonné.

SCÈNE III

LAZARE, JUDAS

LAZARE, *regardant Judas.*

On dit que du tombeau la douloureuse étreinte
Avait déjà sur moi-mis sa fatale empreinte,
Que tous baissaient le front, pâles et consternés,
Tant les airs, à l'entour, étaient empoisonnés,
Quand le Maître, Jésus, en voyant vos alarmes.
Sur celui qu'il aimait laissa couler ses larmes.
Il fit ôter la pierre, on le vit qui tremblait,
En priant sur un mort son âme se troublait...,

Puis soudain, vers le ciel, sa voix monta puissante :
« Lazare, viens dehors... » Mon âme frémissante
Comme un souffle passa dans mes membres glacés.
J'ouvre les yeux... je vois ceux de Jésus posés
Sur les miens... Et sa lèvre a le plus doux sourire ;
Mon cœur bat... Je connais, je remue et respire,
Et j'aime comme on doit aimer un Créateur.
Judas, le Christ est Dieu, ton Maître et ton Sauveur !

(Après un instant.)

Crois-tu que du Très-Haut il prêche les oracles ?

JUDAS

Sur ses pas, en tous lieux, il sème les miracles.

LAZARE

Crois-tu ce qu'il enseigne, apôtre, le crois-tu ?

JUDAS

Du grand Moïse en lui rayonne la vertu.

LAZARE

De Moïse tu sais quelle est la prophétie ?

JUDAS

Qui l'ignore ?

LAZARE

Jésus est alors le Messie.

JUDAS, après un instant.

Le sceptre de David brille-t-il en ses mains ?
Et de Sion a-t-il expulsé les Romains ?
Les oiseaux ont leur nid, les renards leur tanière,
Pour reposer sa tête il n'a pas une pierre.

LAZARE, sombre.

Sais-tu ce qu'il emporte aux ténébreux séjours,
Le mortel qui soutint le fardeau de longs jours ?
Sais-tu ce qu'est la vie et les biens de ce monde ?

JUDAS

Je sais que dans le Christ tout notre espoir se fonde.

LAZARE

Le Christ, c'est lui, Jésus.

JUDAS

Il fut fils d'ouvrier.

LAZARE

Il est le Fils de Dieu.

JUDAS

Qu'il se plaît à prier.

LAZARE

Il commande à la mort.

JUDAS

Des prêtres il se cache.

LAZARE

Douterais-tu, Judas ?

JUDAS

A ses pas je m'attache,
Mais rien ne me retient, ni profit, ni serment.

LAZARE

Judas, crains l'or maudit.

JUDAS

Je crains le châtiment
Dont Caïphe a souvent menacé le prophète.

LAZARE

Judas, crains le remords.

JUDAS

Je crains une défaite,
Et je vois contre lui le Conseil soulevé.

LAZARE

Judas, crains ton orgueil.

JUDAS

Je crains d'avoir trouvé
Le chemin du péril en le prenant pour maître.

LAZARE, *à part.*

Le traître, est-ce donc lui ?

JUDAS

Je prétends me soumettre
A nos princes choisis pour défendre la loi.

LAZARE

Ils sont hommes ! Lui, Dieu !

JUDAS

Je demande pourquoi
Contre le Christ ils ont montré tant de colère.

LAZARE

Il est juste ! Comment aux grands pourrait-il plaire ?

JUDAS, *regardant avec effroi.*

Ils sont là !

LAZARE

Je les vois.

JUDAS

Ils vont t'interroger.

LAZARE

Qu'ils viennent ! A les fuir je ne veux pas songer.

SCÈNE IV

LES MÊMES, SADOC, BEN-JOEL, EPHRAIM.

LAZARE, *s'approchant.*

Scribes et Pharisiens, venez. Pourquoi la crainte
Sur vos fronts troublés à ma vue est-elle empreinte ?
C'est moi ! Touchez mes mains, contemplez mes regards.
Sur moi ne jetez pas ainsi vos yeux hagards,
Comme si je n'étais pour vous qu'un vain fantôme.
Non, comme vous, je suis vivant, je suis un homme.
Le soleil que je vois briller dans le ciel bleu
Me rapprend que je suis un enfant du bon Dieu.
Le fruit que le figuier sous ses feuilles abrite,
Pour soutenir mes pas à le cueillir m'invite.
De la chair le fardeau sur moi pèse toujours ;
Douces me sont les nuits et pénibles les jours.

SADOC

Il parle comme nous !

EPHRAIM

Comme nous il raisonne !

LAZARE

Mais plus que vous il croit que le Christ en personne
L'a, comme Fils de Dieu, scribes, ressuscité.

SADOC

Ressuscité !

EPHRAIM

Jamais !

BEN-JOEL

Dis-nous la vérité.

LAZARE

Je ne sais pas mentir.

EPHRAIM

Peut-on rendre la vie
A l'âme que la mort de ce monde a ravie ?

LAZARE

Mais l'âme est immortelle.

SADOC

Oui, Lazare, et tu crois
Que d'un homme l'esprit peut entendre la voix,
Quand la tombe de lui pour jamais nous sépare.

LAZARE

A la force de Dieu la vôtre se compare ?

BEN-JOEL

Lazare, avec candeur réponds à tes amis.

LAZARE

Je suis prêt.

EPHRAIM

Au Conseil resteras-tu soumis ?

LAZARE

A Dieu j'obéirai.

BEN-JOEL

Nos jours sont une flamme,
Ils vacillent parfois avant le vol de l'âme...
Des malheureux humains éprouvas-tu le sort ?
Lazare, as-tu connu les effrois de la mort ?

LAZARE, *avec une émotion croissante.*

Ecoutez, pharisiens, comment sa main délie
Avec un coup soudain notre chair affaiblie.
J'allais semer le grain des futures moissons,
Le printemps souriait... Voici que des frissons
M'ébranlent, comme au fond de l'hiver la tempête
Quand des cèdres altiers elle incline la tête.
Moi qui pensais longtemps dans mes rêves unir
Au passé disparu l'incertain avenir !...
De multiples projets remplissaient les années
Que de biens, de vertus, je voyais couronnées.
D'un coup, tout est fini... La mort vient... Je la sens...
Elle accable mon cœur, elle trouble mes sens...
Mon œil pâlit... j'étouffe... En moi grandit la fièvre...
Son feu me brûle et monte ardent jusqu'à ma lèvre...
J'ai soif et l'eau m'irrite... et j'appelle, et je vois
Mes sœurs et mes amis impuissants à ma voix.

(Après un instant, avec terreur.)

O le râle heurté, troublant, des nuits plus sombres !
O la chute de tout notre être dans les ombres !
O l'agonie avec ses lourds accablements,
Ses terreurs, ses effrois, ses longs déchirements !
O les jours qu'on repasse et qu'on trouve si vides !
Les éternels bonheurs dont nous sommes avides !
Puis de Dieu l'œil ouvert, l'œil immense et profond
Qui pénétrant le cœur, le sonde jusqu'au fond !...
Soudain tout se déchire et la douleur s'apaise ;
Sur l'esprit, notre corps d'un poids plus léger pèse ;
Dans le repos on croit que tout l'être s'endort...
Sans bruit un souffle passe ; il s'en va... C'est la mort.

SADOC

Ciel ! quelle vision !

BEN-JOEL

Quelle image ! Quel rêve !

LAZARE, *dans un grand cri.*

Un rêve !

TOUS

Oui ! Lazare !

EPHRAIM

Il te poursuit sans trêve.

LAZARE

Un rêve !

SADOC

Un cauchemar !

LAZARE

C'est la réalité !
Scribes, j'ai vu la mort et suis ressuscité.

EPHRAIM

Notre esprit est souvent le jouet d'un vain songe.

BEN–JOEL

Il se trompe lui-même et se plaît au mensonge.

EPHRAIM

Oui ! je l'ai vu !

LAZARE

Pour vous je me suis endormi ?

BEN–JOEL

Quand Jésus te parla, tu connus ton ami,
Et tu chassas le rêve où se plongeait ton âme,
Réveillé par sa voix...

LAZARE

Ben-Joël, je proclame
Une seconde fois que j'ai goûté la mort,

(Sombre)

Que j'ai senti comment de ce monde l'on sort,
Puis comme on y revient en ayant conscience
Que je le revoyais sans nouvelle naissance.
Judas, toi qui me vis sur le sol étendu,
Judas, toi qui tremblas quand tu l'as entendu
Suppliant le Très-Haut d'exaucer sa demande,
Judas, au nom du Christ, mon amour te commande
De défendre ton Maître en répondant pour moi.

JUDAS, *hésitant.*

Vos sœurs pleuraient... alors j'ai fui... rempli d'émoi,
Quand du tombeau plusieurs ont écarté la pierre.

LAZARE

Mais pourquoi fuyais-tu ?

JUDAS

Jusques à ma paupière
L'odeur montait, et là, sous le lin embaumé,
Votre grand corps tout blanc semblait inanimé.

LAZARE

Pour vous et pour Jésus j'étais donc un cadavre ?
Judas, ta lâcheté m'épouvante et me navre.
Tu ne veux pas parler ? Je le ferai pour toi.
Un rêve ! oh ! non ! La mort est terrible ! C'est moi
Qui vous le dis. Sa main tranche comme une lame ;
Elle jette le corps à bas, délivrant l'âme,
Et l'âme part... Songez que pendant quatre jours,
J'ai su ce qu'on disait dans les sombres séjours.
Un mot faisait frémir les saints : le déicide.
On maudissait les cœurs que la haine décide
A poursuivre le Christ jusqu'à l'infâme croix.

JUDAS

O Ciel !

LAZARE

Adam tout bas l'a dit, et je le crois,
Pendant qu'Ève pleurait sur le fils de la femme
Que ses frères méchants vont déclarer infâme,
Et que David chantait sur un luth attristé
Le roi né de son sang par les siens rejeté.

BEN-JOEL

Lazare, qu'es-tu donc, toi qui fais le prophète ?

LAZARE

Le témoin de mon Dieu!... Sion, c'est à la tête
Que je vois en ce jour te frapper la douleur.
O cité de David ! Malheur à toi ! Malheur !
Tu vas compter demain parmi les cités mortes !
Babylone, Memphis, Thèbes n'ont plus de portes !
Sur tes débris fumants, ô ville du péché !
De tes enfants se tient un odieux marché.

SADOC

Sainte Patrie !

LAZARE

On vend et la vierge, et le prêtre,
Et l'homme qui plus saint que d'autres veut paraître,
(Aux Pharisiens.)
Vous qui semez la haine avec des mots d'amour...

BEN—JOEL

Arrête !

LAZARE

De la honte, hélas ! proche est le jour !
Plus de peuple et de rois, plus de temple et de fête,
Mais l'esclavage avec l'horreur de la défaite !
De vos enfants partout les renaissants affronts,
Et la tache du sang qui paraît sur leurs fronts !

SADOC

De Sion écartez ces châtiments funèbres !

LAZARE, *très sombre.*

Et le traître !. . j'ai vu... sombre dans les ténèbres,
Le stérile figuier par le Maître maudit,
Avec un corps flottant... Mais qui le suspendit
Dans le champ du potier, au-dessus de la boue ?
J'aperçois un baiser qui brûle sur sa joue...
Rendons-nous vers Jésus, Judas !
(Lazare et Judas sortent, Ephraïm les suit en disant :)

EPHRAIM

Oui ! va vers lui,
Mais l'étoile du soir au ciel n'aura pas lui
Qu'à mes pieds tu viendras pour connaître la somme
Que le Sanhédrin veut donner pour avoir l'homme.
Je vais le ramener bientôt.   *(Ephraïm sort.)*

SCÈNE V
LES MÊMES, CAIPHE, PLUSIEURS LÉVITES

*(Le rideau du fond se soulève. Caïphe apparaît suivi de
quelques lévites. Des gardes portent des flambeaux.)*

CAIPHE, *avec rage.*

Votre terreur
Soulève dans mon âme une sainte fureur.
Qui pourrait de cet homme arrêter le blasphème ?

TOUS

La mort.

CAIPHE

Oh ! oui ! la mort ! Le silence suprême,
Et l'éternel oubli qui succède au tombeau !
La mort ! Mais je la veux de la main d'un bourreau,
Terrible, sombre, infâme, afin que sa mémoire
Couvre son nom de honte et le nôtre de gloire.
N'est-il pas bon qu'un seul meure afin de sauver
Le peuple que sa voix oserait soulever ?
Mais comment l'imposer cette mort... quand ma haine
Sent un pouvoir plus fort qui me tient et m'enchaîne ?
Quel perfide imposteur !

SADOC

Nous le connaissons tous.

EPHRAIM

Le monde tout entier se jette à ses genoux.

ANNE

Nous avons affiché son nom sur une porte
Et, pour nous provoquer, son audace le porte
A parler en ces lieux dont nous l'avons banni.
Son orgueil méprisant sera-t-il impuni ?

CAIPHE, avec dédain, puis avec colère.

Qu'est tout cela ? Des mots ! Lorsque sa voix s'élève
Au milieu de Sion qu'en ce jour il soulève,
Nos menaces ne font qu'agrandir son pouvoir.
Le peuple malgré nous se presse pour le voir.
Des Prophètes il a le pénétrant langage,
A servir le Seigneur parfois même il engage,
Puis, quand par un prodige il a troublé les cœurs,
Son âme triomphante a des accents vainqueurs.
Rien ne l'arrête plus ; il provoque, il insulte,
C'est contre vous et moi que son audace lutte.

TOUS

Il doit périr.

ANNE

Sion est soumise aux Romains,
Pilate osera-t-il le laisser en nos mains ?

CAIPHE

César veut que la paix endorme tout l'empire,
Et des maux qu'il prévoit la révolte est le pire.
Le pouvoir de Pilate est alors appuyé
Sur le zèle constant par nous tous déployé,
Et c'est avec la peur du Temple qu'il préside.
Parlez-lui de Tibère, aussitôt il décide
Et lave de larcin, même d'assassinat
Celui qui le pourrait dénoncer au Sénat.
Le peuple est un troupeau qui se vend et s'achète ;
Pour de l'or il criera contre le faux prophète ;
Et s'il croyait servir ses intérêts et Dieu,
Les plus cruels tourments lui paraîtraient trop peu. (1)
Il faut punir cet homme ?

TOUS

Oui, comme un sacrilège.

SADOC

Un menteur qui confond miracle et sortilège.

CAIPHE

Des enfants de Saül il subira le sort.

SADOC

C'est un blasphémateur.

TOUS

Il mérite la mort.

CAIPHE, *saisissant un flambeau qu'il renverse.*

Je le veux. Et ce Christ, comme cette lumière,
Je l'éteindrai.

TOUS

La mort !

ANNE, *levant le bras.*

Je veux que sous la pierre
Par les vers du tombeau son corps soit consumé.

BEN-JOEL, *levant le bras.*

Je veux sur une croix le voir inanimé.

______

(1) On peut supprimer les 24 vers précédents.

SADOC, *levant le bras.*
Je veux le voir trembler et gémir de détresse.
Je veux que la douleur si terrible le presse
Qu'il poussera des cris et ne paraîtra pas
Plus qu'un homme devant les horreurs du trépas.

BEN-JOEL
Sion l'accablera d'une voix unanime ;
Puisqu'il s'en dit le maître, il sera sa victime.

CAIPHE
Oui ! mais, pour l'immoler, qui nous le livrera ?
Trente pièces d'argent à qui l'amènera !

ANNE
Sachons attendre encor, Caïphe, après la fête,
Nous trouverons quelqu'un pour vendre le prophète.

SCÈNE VI
LES MÊMES, EPHRAIM, JUDAS.

EPHRAIM, *avec un accent de triomphe.*
Le voici ! J'ai juré que je l'amènerai.

JUDAS, *sombre.*
Que voulez-vous donner, je vous le livrerai ?

CAIPHE, *avec joie.*
Toi ?

JUDAS
Je le puis, je sais tout ce que fait le Maître.

CAIPHE
Pour de l'argent il est facile de promettre.

JUDAS
Il est facile aussi de le gagner. Combien
Me donnez-vous ?

ANNE
Judas, trente deniers.

JUDAS
C'est bien.

J'accepte et je viendrai ce soir chercher la somme
Pour guider les soldats où se tiendra cet homme.

ANNE

Mais la nuit, au milieu des siens, comment oser
Le prendre sans erreur ?

JUDAS

Sur sa lèvre un baiser
Que je lui donnerais, pourrait être le signe.

TOUS, *avec horreur.*

Un baiser !

CAIPHE

Oui ! Très bien ! et par ce crime insigne
Son cœur brisé fera fléchir sa volonté ;
Le peuple le verra par les siens rejeté,
Et nul n'osera plus en prendre la défense,
Puisque par un baiser son apôtre l'offense.

SADOC, *avec dégoût.*

Un baiser ! Et l'amour de l'argent le conduit
Comme un traître il ne veut le donner que la nuit.

(*Rideau.*)

TROISIÈME PARTIE

La Cène. Le Lavement des Pieds et l'Institution de l'Eucharistie.

Le théâtre représente le Cénacle, orné de tentures et de feuillages, une table est dressée au milieu, elle porte des coupes, du pain, des laitues, etc... Quand le rideau se lève, le Christ est debout au milieu de la table entouré de ses apôtres qui tiennent des bâtons à la main.

LE CORYPHÉE

O cœur humain ! qui cherches la tendresse,
As-tu jamais dans ton âme rêvé
Un pain d'amour qui cause plus d'ivresse
Que l'aliment par ton Sauveur trouvé ?

Quand tu n'es plus, ô pauvre créature !
Un froid tombeau garde ton souvenir.
Vois ton Sauveur ; sa vivante nature,
Par le trépas, aux siens trouve à s'unir.

Il te nourrit, quand il est ta victime ;
Quand il succombe, il demeure plus fort ;
Et c'est la chair de ton Dieu qui t'anime,
Après qu'elle a pour toi connu la mort.

« Voici mon corps, en vous donnant ma vie,
« Je vous promets mon immortalité.
« Voici mon sang, et ma voix vous convie ;
« Enivrez-vous de ma divinité. »

O Dieu d'amour ! nous voulons vous promettre
De recevoir l'auguste sacrement,
Pour qu'en vous seul saluant notre maître,
De notre cœur vous restiez l'aliment !

QUATRIÈME TABLEAU
Le Lavement des pieds.

SCÈNE UNIQUE

LE CHRIST, PIERRE, JEAN, ANDRÉ, JACQUES, PHILLIPE, BARTHOLOMÉE, MATTHIEU, THOMAS, JACQUES, FILS D'ALPHÉE, SIMON LE ZÉLATEUR, JUDE, FILS DE JACQUES, JUDAS ISCARIOTE.

LE CHRIST

De la loi nous avons rempli le rite austère.
Dans cet Agneau pascal se cache un saint mystère :
Celui d'un Dieu qui passe et qui frappe, irrité,
De ses propres enfants l'ennemi révolté,
Mais aussi qu'il est seul Sauveur ! De la souffrance
Sa pitié chassera toute désespérance.

(Après un instant.)

C'est moi qui suis la voie et, par la vérité,
Je deviens pour le juste, en mon éternité,
La résurrection et l'immortelle vie.

(Après un instant.)

Cette Pàque, où, ce soir, mon amour vous convie,
Comme j'ai désiré la manger avec vous !
Oh ! oui ! d'un grand désir ! car je vous aime tous.
Elle sera pour moi la dernière. Mon heure
Est venue et je vais laisser cette demeure...
C'est la fin ! Oui ! Je sens mon Dieu qui me poursuit !
Et je ne boirai plus de la vigne le fruit
Avant que dans les Cieux mon amour vous couronne,
Et qu'auprès de mon Dieu je vous prépare un trône.
Je vous ai tant aimés dans ce mortel séjour !

PIERRE, *montrant Jean.*

Ne l'avons-nous pas vu tous les deux dans ce jour ?
Car nous avons trouvé les choses apprêtées,
Comme vous les aviez par avance arrêtées :
Cet homme portant l'eau que nous avons suivi ;
Dans le Cénacle orné l'agneau pascal servi.

LE CHRIST

Ah ! si vous étiez tous dignes de ma tendresse !

JUDAS, *avec inquiétude.*

Que dit-il ?

JACQUES

Je ne sais.

JEAN

Un doute affreux l'oppresse.

THOMAS

De larmes son regard paraît être voilé.

THADDÉE

Jamais, comme en ce jour, il ne nous a parlé !

LE CHRIST

Amis, asseyez-vous, laissez votre chaussure.
(Les Apôtres s'assoient et se déchaussent, excepté Pierre.)

THOMAS

Son visage est plus calme et sa voix me rassure.

PIERRE, *à part.*

Que veut-il ?

LE CHRIST

Hâtez-vous, je m'en vais à mon Dieu.

THOMAS

Il s'en va ! Serait-il à son dernier adieu ?

LE CHRIST, *se ceignant d'un linge.*

Tous vous allez me voir devant vous me soumettre ;
Je veux laver les pieds de tous, moi, votre Maître.
*(Il lave les pieds de saint Jean qui se relève aussitôt et
aide Jésus. Tous regardent avec attendrissement et se
chaussent ensuite.)*

THOMAS

Comme il est bon !

SIMON

Jamais mon cœur n'aurait pensé
Que j'aurais vu le Christ à mes pieds abaissé.

JUDE

On dirait qu'avec nous son amitié partage.

BARTHOLOMÉE, *à Judas dont le Christ lave les pieds.*

Judas, vois le Seigneur, pourrait-il davantage
S'il était serviteur et pauvre comme nous ?
Mais tu trembles, Judas ? Il est à tes genoux.
Le craindrais-tu ? Réponds !

JUDAS

Moi ! non ! C'est ma chaussure
Que la nuit rend humide et ma main n'est pas sûre.

MATTHIEU

O mon Maître ! Pourquoi montrer tant de bonté ?
D'où nous vient cet amour ? L'avons-nous mérité ?

PIERRE, *qui a gardé*
ses sandales, au Christ qui s'approche de lui.

Je vous attends, Seigneur.

LE CHRIST

Pourquoi cette parole ?

PIERRE

Vous me laver les pieds ! Est-ce donc votre rôle ?

LE CHRIST

Ce que je fais, ô Pierre, est caché pour tes yeux,
Mais plus tard tu sauras et tu comprendras mieux.

PIERRE

L'éternité, Seigneur, passera tout entière
Avant que je ne cède à votre humble prière.

LE CHRIST

Ecoute ma parole et tu m'obéiras.
(Pierre fait un signe de refus et cache ses pieds.)
Si tu me contredis, jamais tu ne viendras
Dans mon royaume où Dieu prépare ta couronne.

PIERRE, *se déchaussant avec vivacité.*

Quoi, Maître, vous pensez que je vous abandonne !
Oh ! non ! Faites de moi tout ce que vous voudrez ;
Prenez mes mains, ma tête, et vous les laverez.

LE CHRIST

Pierre, si l'homme est pur, il n'ôte que la tache
Que le chemin poudreux autour des pieds attache.
(Il regarde Judas.)
Vous êtes purs ! Oh ! non, pas tous, hélas !
(Judas baisse la tête.)
Pourquoi
Faut-il qu'en cet instant un seul soit contre moi ?

JEAN

Cette voix de Jésus m'épouvante et me glace.
*(Le Christ finit le lavement des pieds très rapidement. Il
se lève. Jean met de côté le plateau, l'amphore et le linge.
Une musique de scène peut se faire entendre.)*

CINQUIÈME TABLEAU
L'Institution de l'Eucharistie.

SCÈNE PREMIÈRE

LES MÊMES, *consulter le tableau de Léonard de Vinci
pour le placement des Apôtres.*

LE CHRIST

A cette table, amis, reprenez votre place.
Vous m'appelez Seigneur et Maître ; je le suis.
Les hommes et les cieux, c'est moi qui les conduis.
Ce que j'ai fait chacun le cherche et me contemple.
Ecoutez, j'ai voulu vous offrir un exemple :
Il vous faudra les uns pour les autres agir
Sans que jamais l'orgueil ne vous fasse rougir.
Je ne veux pas parler de tous, mais je m'adresse
A ceux que j'ai choisis, que connaît ma tendresse.
Jusqu'au bout l'Ecriture en moi s'accomplira.
Celui que j'ai nourri contre moi lèvera
Son perfide talon sans crainte de paraître
A mes yeux, comme aux yeux des miens, hélas ! un traître !

JACQUES

Toujours ce mot cruel qui cause mon effroi.

LE CHRIST

Et je vous dis cela, vous qui croyez en moi,
Afin de vous prouver par l'avenir lui-même
Que je suis le Sauveur et le Fils qui vous aime.
(Après un instant, avec onction.)
Oui, je veux vous donner d'autres preuves d'amour,
Puisque je ne dois plus prolonger mon séjour,
Ni vivre plus longtemps avec vous sur la terre !
(Après un instant, avec tristesse.)
Ce crime, en ma douleur, que je voudrais le taire !

JEAN, *avec compassion et regardant le Christ.*

Seigneur !

LE CHRIST

Un d'entre vous, ce soir, me trahira.
(Mouvement d'effroi parmi les Apôtres.)

JACQUES, *à Judas.*

Un traître parmi nous, Judas, qui le sera ?

JUDAS, *avec confusion.*

Ce n'est pas moi.

JACQUES

Pourtant il sait ce que nous sommes,
Nul homme comme lui ne connaît mieux les hommes.

THADDÉE

Ce n'est pas moi, Seigneur.

PLUSIEURS ET BARTHOLOMÉE

Ni moi.

BARTHOLOMÉE, *continuant.*

Qui voudrais voir
Tous les cœurs s'incliner devant votre pouvoir.

PLUSIEURS

Un traître !

SIMON

Parmi nous qui sommes vos apôtres ?

JACQUES

Cherchez votre ennemi, Seigneur, parmi les autres.

3.

TOUS

Un traître !

JACQUES
Par nous tous, il serait condamné.

LE CHRIST
Il vaudrait mieux pour lui qu'il ne fût jamais né.
(Après un instant.)
Vous avez vu les faits que ma puissance opère,
Et je vous ai livré les secrets de mon Père.
A ses ordres divins, mon cœur resta soumis.
Vous étiez serviteurs, vous êtes mes amis ;
Vous mes petits enfants, vous mes premiers apôtres.
En ce monde aimez-vous toujours les uns les autres ;
D'une tendre amitié que les plus purs liens
Soient le signe qui fait reconnaître les miens.
Aimez-vous ; de l'amour la preuve la plus grande
Est de donner sa vie à l'ami comme offrande.
Et je veux la donner pour vous en ce moment,
Et c'est de votre Dieu l'unique testament.
Je vous rends grâces, Père, afin qu'ils restent dignes
De vos célestes dons, de vos faveurs insignes.
C'est l'heure d'accomplir tout ce que j'ai promis
En leur montrant comment ils seront mes amis.
(Il prend du pain azyme, le rompt en douze morceaux.
Il prie en silence, un rayon lumineux l'enveloppe jusqu'à
la fin de l'Institution.)
Pourtant la trahison est là qui m'environne.

PIERRE, *à son voisin de table, Jacques.*
Qui peut-il désigner ?

JACQUES
Je ne connais personne.

PIERRE, *faisant un signe à Jean.*
Jean, si tu le voulais ?

JEAN
s'inclinant sur la poitrine de Jésus et à voix basse.
Maître, quel est celui
Qui brise votre cœur par ce nouvel ennui ?

LE CHRIST, *montrant le pain.*
Celui qui recevra de moi ce pain.

JEAN

Je tremble !
Se montrer à vous traître et sacrilège ensemble !

LE CHRIST, *bénissant le pain.*
Ceci devient mon corps qui pour vous est livré.
Prenez et mangez tous.

JEAN

O mon Maître adoré.
*(Les Apôtres se lèvent et viennent prendre le pain que leur
présente le Christ.)*

CHANT DES ANGES

Silence au ciel et sur la terre !
L'amour triomphe dans ce lieu !
Par le plus auguste mystère,
L'homme reçoit le corps d'un Dieu.

Dans la céleste nourriture,
Tous les bienfaits sont réunis ;
Malgré leur diverse nature,
Deux cœurs par elle sont unis.

LE CHRIST, *présentant à Judas un morceau de pain.*
Prends, Judas, ce morceau de la main de ton maître.

JUDAS, *tremblant.*
De sa main devant tous il peut me le remettre !

JEAN, *à Pierre à voix basse.*
Regarde.

PIERRE, *à voix basse.*
Lui, le traître, oh ! Seigneur !

JUDAS, *regardant le Christ.*
Est-ce moi ?

PIERRE

Quel front audacieux !

LE CHRIST, *à voix basse, à Judas.*

Tu l'as dit ! Oui, c'est toi !
(Après un instant, il prend le calice et verse du vin, la lumière est plus brillante.)
Ceci devient mon sang... l'alliance nouvelle,
C'est mon sang qui plus pur par sa force l'appelle.
Pour les péchés de tous, il sera répandu ;
A vos désirs, à mon amour, j'ai répondu,
Prenez tous et buvez.
(Le Christ donne le calice à Pierre qui le remet à Jean. Le chant accompagne la communion.)

CHANT DES ANGES

Homme, entends et cherche à comprendre
Le Dieu qui se fait ton soutien,
Il veut semblable à lui te rendre
Pour que son bonheur soit le tien.

Le sang divin te purifie,
Ton âme devient un autel
Où le Sauveur se sacrifie
Afin de te rendre immortel.

JEAN, *au Christ.*

Que ma simple tendresse
Efface en votre cœur le chagrin qui l'oppresse.

LE CHRIST

Quand vous vous unirez pour montrer votre foi,
Cela, vous le ferez en mémoire de moi ;
Avec vous, je serai, moi, le Christ, Fils de l'Homme,
Jusqu'à ce que le temps des siècles se consomme.
(Judas se lève après avoir bu, puis s'arrête tout tremblant en regardant le Christ.)
Judas ! ce que tu fais, fais-le plus promptement.
(Judas sort.)

SCÈNE II
LES MÊMES, MOINS JUDAS, *le Christ*
et les Apôtres se lèvent et se placent devant la table.

PIERRE

Il s'éloigne.

THOMAS

Du Christ c'est l'ordre assurément...

JACQUES

Il part pour un achat nécessaire à la fête.

LE CHRIST

Cette nuit, vous verrez ma honte et ma défaite,
Et vous serez, hélas ! par moi scandalisés.
Mais les jours de douleur seront bientôt passés,
Et Dieu glorifiera son Fils, et sur la terre,
De ma gloire vos yeux connaîtront le mystère.
Je ne resterai plus longtemps auprès de vous,
Mais, je vous le promets, vous me reverrez tous.

(Après un instant.)

Je m'en vais et vous laisse, et nul ne me demande
Dans quel endroit...

PIERRE, *interrompant hardiment le Christ.*

Seigneur, mon amour me commande
D'affirmer hautement que Pierre vous suivra.

LE CHRIST

Toi, Pierre ?

PIERRE

Oui, Seigneur, qui m'en empêchera ?

LE CHRIST

Satan a demandé de te passer au crible
Comme le froment mûr...

PIERRE

Est-il donc si terrible ?
Ne suis-je pas apôtre ?

LE CHRIST

Et j'ai prié pour toi
Pour que rien dans ses coups n'amoindrisse ta foi.

PIERRE

Y pensez-vous, Seigneur ? Moi, moi, que je succombe !
Mais je braverai tout, la souffrance et la tombe !
Me faudrait-il mourir, même sur une croix !

LE CHRIST

Quand le coq chantera pour la première fois,
Tu m'auras renié trois fois.

PIERRE, *étend la main.*

Non, je le jure. .
En me parlant ainsi vous me faites injure.

LE CHRIST

Quand, après ton péché, vers moi tu reviendras,
Tes frères t'entendront, tu les raffermiras.
(Pierre baisse la tête et se retire derrière les apôtres.)
(Après un instant.)
Amis, de m'éloigner, l'heure s'avance et presse.
Ce mot de votre cœur soulève la tristesse ;
Mais je m'en vais pour vous et, du haut de mes cieux,
De mes célestes dons je vous comblerai mieux.
Mon Père ne fait qu'un avec moi. Ceux que j'aime
Lui deviennent aussi précieux qu'à moi-même.
Je ne vous laisse pas orphelins sans amour,
Auprès de vous je veux demeurer chaque jour,
Pour vous accompagner en traçant vos carrières,
Et pour ne pas laisser sans échos vos prières.
(Avec une émotion croissante.)
Tous ceux que votre cœur, ô Père, m'a donnés,
Mon cœur ne les a pas au monde abandonnés.
En leur livrant du ciel le sublime mystère,
Je les ai tous gardés pour vous seul sur la terre !...
Excepté l'un d'entre eux, fils de perdition ;
L'Ecriture voulait son inique action.
(Le Christ lève les mains, les Apôtres s'agenouillent.)
Avant de leur ouvrir la céleste Patrie,
Préservez-les du mal ici-bas, je vous prie.
Nous sommes Un et pour qu'entre eux ils soient unis,
En votre nom sacré, Père, je les bénis.
Je comprends que leur cœur attristé se désole,
Mais je leur enverrai l'Esprit-Saint qui console.

QUATRIÈME PARTIE
L'Agonie du Christ et le Baiser de Judas.

Le théâtre représente le Jardin des Oliviers.

LE CORYPHÉE

Le cœur rempli d'épouvante et d'horreur,
Jésus s'avance au jardin solitaire ;
Mais il frémit de crainte et de terreur,
Devant les maux qui pèsent sur la terre.

De nos péchés il porte le fardeau,
Puis il a peur de tant d'ignominie ;
L'effroi le jette aux portes du tombeau ;
Sous les rochers il tombe en agonie.

Soupirs amers de son cœur innocent !
Cris de douleur ! ô sublime prière !
.Vous amenez une sueur de sang
Au front du Christ tombé dans la poussière !

Mais il boira le calice de fiel !
Pour vous sauver son tendre amour opère :
Il se soumet aux durs arrêts du Ciel !
Et veut agir comme le veut son Père.

Mais toi, Judas ! dans ce funèbre lieu,
Pourquoi guider cette infâme cohorte ?
Ne crains-tu pas la vengeance de Dieu,
Puisqu'à trahir l'avarice te porte ?

Tu l'as vendu trente pièces d'argent !
Puis, ô maudit ! ô sacrilège insigne !
Après la Cène, ici tu viens, songeant
Que de ta haine un baiser est le signe.

Voyez, chrétien, de l'amour infini
Quel fut pour vous le sublime courage !
Et n'oubliez jamais Gethsémani,
Ni de Judas le sacrilège outrage.

SIXIÈME TABLEAU
L'Agonie du Christ.

SCÈNE UNIQUE
LE CHRIST, PIERRE, JACQUES, JEAN.

LE CHRIST

Suis-moi, Pierre, avec Jean, puis Jacques. Mes amis,
Sur le Thabor, un jour, c'est vous seuls que j'admis.
J'ai voulu vous montrer ce qu'un Père prépare
A ceux dont sa rigueur pour leur bien me sépare.
Vous avez vu ma gloire et ce soir, dans les pleurs,
Vous verrez l'Homme-Dieu sous le poids des douleurs.
Ah ! je tremble et je crains !

PIERRE

Vous, Seigneur !

LE CHRIST

Oui ! moi, Pierre.
Rien ne me sauvera, mérite, ni prière...
Oh ! non, rien ! mon âme est triste jusqu'à la mort.

PIERRE

O Maître ! nous saurons partager votre sort.

JEAN

Et vous défendre.

JACQUES

Oh ! oui !

LE CHRIST

Non, l'humaine tendresse
Ne peut pas arrêter mon Père qui me presse.
(Après un instant.)
J'ai désiré cette heure et d'un désir profond !
Du cruel châtiment je dois sonder le fond !
Les ténèbres bientôt vont régner sur le monde,
Pour la dernière fois, sous sa puissance immonde,
Satan, mon ennemi, Satan le régira.

PIERRE

Le Fils de l'Eternel, mon Maître, le vaincra.

LE CHRIST

Oui ! c'est ma fin, ô Pierre ! Oui, j'aurai la victoire !
Tes yeux du Fils de l'Homme admireront la gloire ;
Mais avant...

(Avec trouble.)
Demeurez en ce lieu, puis veillez
Tous les trois !... Oui !... Veillez et priez !
Car si l'esprit est prompt, quand un attrait la blesse,
La chair cède aussitôt... Elle est toute faiblesse.

PIERRE

Je vous aime, Seigneur !

LE CHRIST

Hélas ! ton amitié
Aura bientôt besoin de ma tendre pitié.
Imitez-moi. Priez mon Père qu'il vous donne
La force d'oublier et l'amour qui pardonne.

*(Le Christ s'éloigne et s'agenouille à quelque distance,
pendant que les apôtres s'assoient et se couvrent la tête de
leur manteau. Les ténèbres envahissent la scène.)*
Sur la terre je vois régner l'iniquité !
Voici quatre mille ans que sa main a jeté,
Avec des cris de mort, dans la famille humaine,
Les germes de la honte et les fruits de la haine...

(Il étend les bras.)
A la tête de tous, il me faut sous vos yeux,
Père, prendre sur moi leurs forfaits odieux.

(Le Christ reste un moment accablé.)
L'homicide a souillé la première famille,
Dans la main de Caïn sur Abel le fer brille,
Et depuis, que de fois il s'est levé sanglant
Sur la vierge timide, sur le père tremblant,
Sur la mère !... Et partout un terrible esclavage
Succède à la ruine, à la guerre sauvage.
Du sang, toujours du sang ! L'infâme volupté
Monte sur les autels et flétrit la beauté,
Et du corps et de l'âme en un hideux mystère !
L'orgueil et l'avarice asservissent la terre.

Chute honteuse et vile ! O triste humanité !
Tu rampes dans la boue et nul n'est révolté
Par tes crimes, sinon moi qui me fis ton frère !
(Il tombe à genoux, accablé.)
Son frère ! Oh ! non ! Seigneur ! au péché si contraire,
Puis-je porter ce poids d'horreur et de forfaits !
Leurs sacrilèges, moi, je ne les ai pas faits.
(Le Christ se tient le front dans son accablement.)

DES VOIX CHANTENT DOUCEMENT, (ad libitum.)

Verbe incarné, toi qui créas la terre,
Peux-tu l'abandonner ?
Ne dois-tu pas à la justice austère
Apprendre à pardonner ?

Je vous aime, ô mon Dieu, mais eux !... Oui ! je les aime...
Pour eux, je veux souffrir, je pourrai mourir même ;
Mais, pécheur avec eux !... comprenez mon émoi...
S'il est possible aussi, Père, éloignez de moi
Le calice rempli de la liqueur infâme,
Si pure jusqu'ici devant vous fut mon âme !

LE CHRIST, relevant la tête et regardant le ciel.

Père, soyez béni, que votre volonté
Se fasse et non la mienne.

LE CHRIST vient vers les Apôtres endormis.

A ta fidélité
Pourrai-je avoir recours, alors que ta paupière,
Sous le poids du sommeil, se ferme en paix, ô Pierre !

PIERRE, s'éveillant avec surprise.

Quoi, Seigneur ?

JACQUES
Vous venez jusqu'à nous.

LE CHRIST

Vous dormez !
J'aurais voulu pourtant croire que vous m'aimez.

JEAN

Oui, Maître !

LE CHRIST

Alors veillez avec moi qui retourne
A ce Dieu dont la main de mon front se détourne.

*(Le Christ revient dans la grotte. Il s'arrête, étend
les bras et regarde avec effroi devant lui.)*

Le présent est horrible ! O sombre vision !
Cette heure de la nuit ouvre ma Passion.
Je vois le mal affreux qui sur moi plane et tombe,
Et la mort de sa main pâle entr'ouvrant ma tombe.

(Avec des frissons.)

La mort est là, non pas la mort qui clôt un jour,
Dans un dernier espoir par un acte d'amour,
Mais la mort sur la croix au milieu des outrages.
Je serai le roseau que brisent les orages,
Le ver qu'on foule aux pieds et l'Homme des douleurs.
Nulle main ne viendra pour essuyer mes pleurs,
Et je ne pourrai pas à leurs coups me soustraire,
On les verra frapper le Dieu qui fut leur frère.

(Le Christ chancelle et finit par tomber à genoux.)

O les frissons des clous dans mes mains, je les sens !
O la fièvre qui brûle et soulève mes sens !
O mes pieds déchirés et meurtris ! O ma mère !
Dont mes maux si profonds rendent la vie amère !
O la soif qui dévore et qu'apaise le fiel,
Dans les ténèbres qui me dérobent le ciel !
L'abandon de mon Dieu dans ma souffrance extrême !
De tout mon être enfin le brisement suprême !
Mon souffle qui s'en va, le jour qui m'est ôté,
Et la tombe s'ouvrant sur mon éternité !

DES VOIX CHANTENT, *pendant que le Christ est tombé à
terre, (ad libitum.)*

Oh ! prends pitié des misères humaines,
Toi si bon et si doux !
Quand, vers l'espoir c'est toi qui nous ramènes,
Incline-toi vers nous.

LE CHRIST, *à genoux, les bras étendus et suppliants.*

Oh ! non, trop violent est le sombre supplice !
De votre Fils, ô Père, éloignez le calice.

(Il se relève et s'approche des Apôtres en disant :)
Cependant je ne veux que votre volonté
Et non la mienne...
(Le Christ regarde ses Apôtres.)
Hélas ! à mon cœur attristé
Nul n'apportera donc une parole humaine !
Un mot d'amour ! Oh ! non. La justice me mène.
Je serai frappé seul !... Ils dorment tous les trois.
Ils ne comprendraient pas mes terreurs, mes effrois.
Devant l'iniquité dont je serai victime,
Un homme pourrait-il voir le fond de l'abîme
Où je vais m'engloutir et vivre un seul instant ?
Laissons-les reposer.
(Après un moment.)
Pour moi ce qui m'attend ;
C'est dans la peine affreuse une dure insomnie,
Et jusques à la fin une longue agonie.
(Le Christ revient dans la grotte.)
Je ne dormirai plus jamais que dans les bras
Du gibet sur lequel j'attendrai le trépas.
(Le Christ regarde devant lui.)
Seigneur ! quel avenir à mes yeux se découvre !
Mes Justes et mes Saints ! O ma douleur se rouvre !
Les martyrs sous les coups des Empereurs tombés !
Les apostats menteurs que Satan a courbés
Sous son pouvoir cruel pour déchirer l'Eglise !
C'est une secte aussi que sa main coalise !
Et les vierges s'en vont en exil, et la foi
Disparaît, et l'enfer se ligue contre moi !
(Les yeux vers le ciel.)
J'ai voulu de l'amour être la pure hostie,
Sous un pain je me suis caché ; l'Eucharistie
Est partout profanée, et partout les mortels
De sacrilèges vont entourer mes autels.
Satan même prendra des saints la nourriture.
Et ses pieds fouleront le Dieu de la nature.
(S'agenouillant.)
Et je devrais mourir pour ces crimes sans nom !
Mourir pour expier le déicide ! Oh ! non !

N'est-ce donc pas assez que Judas tout à l'heure
M'embrasse ?

(Après un instant.)

Oh ! pardonnez, mon Père, si je pleure,
Je sens que je ne puis donner de mon amour
Cette preuve suprême... Et je meurs...

(Il s'évanouit graduellement.)

Et le jour
S'en va... Le sang afflue à mon front... Je respire
Une dernière fois... Adieu, monde ! j'expire.

*(Le Christ tombe la face contre terre, une vive lumière
l'environne. Un ange s'approche avec un calice d'or. Après
un instant le Christ se relève et dit :*
Père, vous le pouvez, vous êtes tout-puissant,
Que je ne boive pas ce calice de sang.

DES VOIX CHANTENT, *(ad libitum.)*

Vois dans le ciel les trônes laissés vides
Par nos frères tombés,
Et de bonheur les cœurs qui sont avides
Sous leurs fautes courbés.

Relève-toi, soumets, plein de courage,
A Dieu, ta volonté :
Et par ta mort, au monde, son ouvrage,
Tu rendras sa beauté.

LE CHRIST, *prenant le calice qu'il contemple, baise et remet*
à l'ange qui disparaît.

Mais je veux que ma vie à vous seul appartienne,
Que votre volonté se fasse et non la mienne.

LE CHRIST, *s'avançant vers les Apôtres.*

O Pierre ! il eût été trop pénible pour toi,
Pendant une heure, hélas ! de veiller avec moi.

PIERRE, *se levant subitement.*

Maître ! pardon !

LE CHRIST

Tu peux dormir... Bientôt le traître
Sur le mont du Scandale à tes yeux va paraître...

(Après un instant, faisant un pas.)

Levons-nous et marchons. Les pêcheurs saisiront
Ici le Fils de l'Homme et le condamneront.
Je ne puis empêcher ni forfait, ni blasphème,
Pour eux, à leur fureur je me livre moi-même.

SEPTIÈME TABLEAU
Le baiser de Judas.

SCÈNE PREMIÈRE
LES MÊMES, JUDAS, ELYMAS, NAHUM, BARUCH,

(Une troupe de soldats arrive avec des cordes, des bâtons, des lanternes. Ils se précipitent sans ordre, sur la scène.)

LE CHRIST, *s'avançant.*

Qui cherchez-vous ?

MALCHUS

Jésus de Nazareth !

LE CHRIST, *avec majesté.*

C'est moi.
(Tous le regardent, chancellent, plusieurs se voilent les yeux, quelques-uns tombent un genou en terre.)

MALCHUS

Lui !

ELYMAS

Quelle majesté !

PLUSIEURS

Je succombe à l'effroi !

LE CHRIST

Levez-vous et laissez ceux-ci libres.

PIERRE, *tirant son épée et frappant Malchus.*

Mon Maître,
Non, vous ne pouvez pas dans leurs mains vous remettre !

LE CHRIST

en touchant Malchus qui se retire après cet attouchement.
O Pierre, calme-toi, mets le glaive au fourreau.
Quiconque avec le fer frappera, le tombeau
Devant lui s'ouvrira par le fer.

ELYMAS, *à Judas.*

Et ton signe ?

JUDAS, *s'approchant de Jésus*
et le baisant pendant que tous le regardent avec horreur.
Maître ! salut !

LE CHRIST

C'est moi que ta bouche désigne ?
Ami, par un baiser ta lèvre me trahit ?
(Plusieurs soldats montrant le Christ.)
Le voici... C'est le Christ...

ELYMAS

La crainte l'envahit.

PLUSIEURS

l'entourant, mais avec crainte et sans le toucher.
Prenons-le... Commencez...

LE CHRIST

Chaque jour, dans le Temple,
J'enseigne devant tous, le peuple me contemple.
Vous pouviez me saisir et vous venez ici
Dans l'ombre, et vous avez pour me lier aussi
Des cordes... Vos bâtons ont remplacé les armes.
Suis-je donc un voleur ?
(Les soldats entourent de plus près le Christ. Pierre,
Jacques et Jean s'éloignent. Ils s'étaient déjà séparés du
Christ et posés sur un côté de la scène.)

SCÈNE II

LES MÊMES, *moins les Apôtres. (Judas, sombre, regarde*
de loin, le front baissé, les bras croisés.)

ELYMAS, *à Judas, lui jetant une bourse que Judas ramasse.*
Tiens...

LE CHRIST

C'est l'heure des larmes.

ELYMAS

Le prix du sang, Judas.

LE CHRIST

Et je vous suis donné
Pour que l'homme coupable au ciel soit amené.
Autrement je prierais mon Père, et de ses anges
Vous verriez près de moi se ranger les phalanges.
(Le Christ baisse le front et garde le silence.)

ELYMAS

Il se tait...

PLUSIEURS, *entourant le Christ.*

Allons, Christ !

ELYMAS

Saisissez-lui les bras.

PLUSIEURS *mettent la main sur le Christ en disant :*
Des cordes !... Passez-les.
*(On donne des cordes et les soldats attachent les mains
du Christ derrière le dos).*

ELYMAS

Serrez fort.

NAHUM

Tu fuiras,
Christ, quand je le voudrai.

BARUCH

Les nœuds sont si solides
Qu'ils défieraient l'effort des mains les plus valides.

ELYMAS

Entourez de liens son corps.
(Les soldats passent une corde autour du Christ.)
TOUS, *regardant le Christ.*
Ah ! Ah ! Sauveur !

ELYMAS

Tu parais invoquer le ciel avec ferveur,
Délivre-toi.

PLUSIEURS, *tirant le Christ.*

Partons !

ELYMAS

Caïphe, avant la fête,
Pourra sur le gibet attacher le prophète.
                    (Ils sortent en bousculant le Christ.)

SCÈNE III

JUDAS, *seul.*

Je suis maudit !... L'argent me brûle ! O mort !
Toi seule peux m'ôter le poids de mon remord.
        (Il sort avec un geste de désespoir.)

                              (Rideau.)

CINQUIÈME PARTIE

Reniement de Pierre. — Caïphe et le Christ.

(Le théâtre représente une salle du palais de Caïphe. Un trône est sur un côté. Des sièges sont placés autour du trône. Dans un angle est un brasero avec des charbons allumés.)

LE CORYPHÉE

Voyez de ces méchants la fureur et la haine.
Leurs homicides mains enlacent le Sauveur ;
Et vous que tant d'amour à ce bon Maître enchaîne,
    Pour lui vous restez sans ferveur.

Au lieu de recevoir sa parole si sage,
Un de ses ennemis, par l'audace emporté,
S'approche et de sa main soufflette le visage
    Où rayonne la vérité.

Trop souvent, ici-bas par la haine et l'envie,
Est ainsi maltraité l'homme sincère et droit ;
Il lui faut immoler son repos et sa vie
    Pour la justice et pour le droit.

Mais toi, Pierre, pourquoi refuser de connaître,
Devant ses ennemis, le Christ auquel tu crois ?
Le coq chante, et déjà tu reniais ton Maître,
    Hélas ! pour la troisième fois.

Au plus vil intérêt, à la peur se mesure,
O Christ abandonné ! le pauvre amour humain :
Et notre âme reçoit la plus vive blessure
    Souvent de la plus chère main,

HUITIÈME TABLEAU
Le Reniement de Pierre.

SCÈNE PREMIÈRE

CAIPHE, JOSEPH D'ARIMATHIE, EPHRAIM, SADOC,
BEN-JOEL, DES SANHÉDRITES, ELIE, ELYMAS.
Caïphe se promène d'un air inquiet.

JOSEPH D'ARIMATHIE

Vous attendez ?

CAIPHE

Le Christ. Que fait donc mon beau-père ?

JOSEPH D'ARIMATHIE

Pour le juger sans doute ?

CAIPHE

Et le frapper, j'espère.
(Aux gardes.)

Allez donc voir.

(Elymas sort.)

SCÈNE II
LES MÊMES, *moins Elymas.*

JOSEPH D'ARIMATHIE

Caïphe, ah ! je comprends pourquoi
Vous siégez la nuit au mépris de la loi.

CAIPHE

La loi ! mais c'est le chef qui l'impose, je pense.

JOSEPH D'ARIMATHIE

C'est Dieu !

CAIPHE

Ne suis-je pas son prêtre ? Je dispense
Le blâme ou la louange au nom du Tout-Puissant.
(A part, regardant au loin.)

Ils n'arriveront pas.

JOSEPH D'ARIMATHIE

Défendre l'innocent
Est pour le sacerdoce un divin privilège.

CAIPHE, *à part.*

Pourquoi donc tardent-ils ?

(*A Joseph d'Arimathie.*)

Punir un sacrilège
Est aussi le devoir qui dirige mon droit.

(*A part.*)

Comme le retenir longtemps est maladroit !

JOSEPH D'ARIMATHIE

Mais il faudrait prouver son crime et son offense,
Et laisser l'accusé préparer sa défense.

CAIPHE

Sa défense ?

SCÈNE III

LES MÊMES, ELYMAS

ELYMAS

On l'amène. Il est pâle et défait.

JOSEPH D'ARIMATHIE, *à Caïphe.*

Libre est un criminel sous le poids d'un forfait
Jusqu'à ce qu'il entende une juste sentence.

CAIPHE, *avec colère.*

Prétendez-vous m'instruire ?

JOSEPH D'ARIMATHIE

Oh ! non ! mais la prudence
Voudrait qu'on attendît le jour pour prononcer...

CAIPHE

Laissez-moi.

JOSEPH D'ARIMATHIE

Je ne puis avec vous exercer
Le pouvoir que la loi concède aux Sanhédrites.
Vous violez, Caïphe, et coutumes, et rites.

CAIPHE, *à part.*

Ah ! qu'ils traînent !

(A Joseph d'Arimathie.)

Assez !

JOSEPH D'ARIMATHIE

La haine vous conduit,
Caïphe, et c'est pourquoi vous choisissez la nuit.
Moi, je dis : Si son œuvre était une œuvre humaine,
Nous la verrions périr. Si c'est Dieu qui le mène,
Sous vos coups odieux peut-être il tombera ;
Mais d'autres le suivront et son nom restera,
Et ce nom, rayonnant de la plus pure gloire,
De ses nobles vertus redira la mémoire.

(Joseph d'Arimathie sort.)

SCÈNE IV

LES MÊMES, *moins Joseph d'Arimathie.*

CAIPHE

Pour moi, qu'est donc le Christ ? S'il était Fils de Dieu,
Ne régnerait-il pas à ma place au Saint-Lieu ?

(Après un instant.)

Régner ! oui ! de David je sais la prophétie,
Mais qui donc, sinon moi, peut juger le Messie ?

(Il regarde et écoute.)

Je ne crains que le joug des Césars tout-puissants.
N'ai-je pas, et voici déjà trente-trois ans,
Désigné Bethléem aux recherches des Mages ?
Mais le sang a coulé sur leurs pieux hommages.
Le roi des Juifs est mort, il ne viendra jamais.
C'est moi qui resterai le maître désormais.

(Il regarde avec un geste d'impatience.)

Pourquoi tous avec moi ne voient-ils pas que Rome
Divisera les Juifs avec le nom d'un homme ?
César veut du Grand-Prêtre amoindrir le pouvoir,
Mais pour le conserver je connais mon devoir.
J'ai ceint de Jéhovah la tiare et l'éphode,
Je puis vaincre Pilate, et lutter contre Hérode,

Et c'est devant un Christ que je pourrais trembler !
Jamais on ne verra Caïphe reculer.

(Avec inquiétude.)

Mais Anne, que fait-il ?

(On entend des cris.)

SADOC

Une clameur s'élève.

BEN-JOEL

C'est lui.

(Tous se tiennent debout.)

SCÈNE V

LES MÊMES, NAHUM

NAHUM

Le Christ approche.

EPHRAIM, *regardant.*

Enfin je vois un glaive.

SADOC, *regardant.*

La lueur des flambeaux rayonne sur les fronts.

BEN-JOEL, *regardant.*

Il est pâle, affaibli.

EPHRAIM

Tant mieux ! nous le vaincrons.

BEN-JOEL

Oui ! plus facilement nous pourrons le confondre.

SADOC

Il faut qu'à nos témoins il n'ait rien à répondre.

TOUS

Silence ! Le voici !

CAIPHE, *montant sur son siège.*

Sur son trône monté,
D'un Grand-Prêtre il verra l'auguste majesté.

(Les Sanhédrites s'assoient.)

SCÈNE VI

LES MÊMES. *Le Christ traîné par les soldats : Baruch, Elie. L'entrée est tumultueuse. Les soldats s'éloignent et se placent les uns près des portes, les autres près du brasero. Le Christ est bientôt seul au milieu de la salle, debout et enchaîné. Elie, le portier, garde l'entrée.*

CAIPHE, *au Christ.*

Comment te nommes-tu ? Quelle fut ta naissance ?
(*Le Christ regarde Caïphe, puis baisse la tête.*)

SADOC

Au Grand-Prêtre réponds.

BEN—JOEL

Se taire en sa présence,
C'est insulter de Dieu le ministre sacré.

CAIPHE

Par tous, dans Israël, mon nom est honoré,
Devant moi, dans Sion, chacun tremble et s'incline ;
Les Séraphins penchés sur la sainte colline
Me voient à Jéhovah offrir un pur encens ;
Mes vœux sont exaucés : car ils sont tout-puissants,
Réponds.

EPHRAIM

Quelle insolence !
ELYMAS, *s'approchant et secouant le Christ.*
Allons ! parle au Grand-Prêtre.

CAIPHE

De quel droit dans le Temple osais-tu donc paraître ?

EPHRAIM

Il nous en a chassés un fouet à la main.

CAIPHE

Moi seul avais ce droit. Parle, je puis demain,
Pour venger du Seigneur la puissance offensée,
Punir avec nos lois ton audace insensée.

SADOC

Il se taira toujours.

ÉPHRAIM

C'est trop nous mépriser
A dire un mot, Caïphe, il faudrait le forcer.

ELYMAS

Allons, Christ, aux muets tu rendis le langage.

SADOC

A t'écouter en paix chacun de nous s'engage.

CAIPHE

Appelez nos témoins, quand il les entendra,
Pour étouffer leurs voix sa bouche s'ouvrira.

(Un garde sort.)

SCÈNE VII

LES MÊMES, PIERRE, JEAN. — *Jean précède Pierre. Les
Apôtres rentrent pendant la sortie du soldat. — Elie, le portier,
examine les nouveaux venus à mesure qu'ils se présentent.*

JEAN, *à Elie.*

Salut, ami !

ELIE, *arrêtant Pierre.*

Mais toi ?... Va plus loin. En arrière !

JEAN

Je t'en conjure, Elie, écoute ma prière.
Il a voulu pour voir s'attacher à mes pas.
Il restera paisible, ici, ne le crains pas.

ELIE, *s'écartant.*

Entrez, mais demeurez à l'abri des lumières,
Et laissez aux valets les places, les premières.

*(Pierre et Jean entrent et s'assoient près du brasero
derrière les soldats.)*

SCÈNE VIII

LES MÊMES, HÉLIAS, ABRAHAM.

CAIPHE, *à Hélias et à Abraham.*

De quoi l'accusez-vous ?

HÉLIAS, *avec violence.*

C'est un blasphémateur.

ABRAHAM, *de même.*

De la loi l'impudent se fait violateur.

BEN-JOEL

descendant de son siège et venant se joindre aux témoins.

Il traite avec mépris les dîmes et nos rites.
Pour lui, laver nos mains amoindrit nos mérites.

EPHRAIM, *se plaçant à côté de Ben-Joël.*

Par son ordre un infirme, au saint jour du sabbat,
Dans tout Jérusalem a porté son grabat.

CAIPHE

Vas-tu répondre enfin ?

SADOC

Il prie.

BEN-JOEL, *regardant Jésus.*

Il tremble.

HÉLIAS, *même geste.*

Il songe.

EPHRAIM

La doctrine qu'il prêche est un affreux mensonge.

ABRAHAM

Il parle d'un royaume ouvert à la vertu.

BEN-JOEL

Il prend le nom de Christ.

CAIPHE, *avec rage.*

Quand donc parleras-tu ?
Successeur d'Aaron, je puis juger ton crime,
Et sur toi mon pouvoir est saint et légitime.

(Les Sanhédrites parlent entre eux.)

SCÈNE IX

LES MÊMES, UNE SERVANTE *(ou un serviteur) apportant*
du bois.

LA SERVANTE, *s'approchant du brasero.*
Le feu n'est pas éteint.
(Elle regarde le Christ.)
Le Christ est enchaîné,
Il est seul ! Ses amis l'ont tous abandonné.
Pauvre Christ !
(Aux soldats, en mettant du bois.)
Chauffez-vous, amis.
BARUCH
La nuit nous glace.
LA SERVANTE, *regardant le Christ.*
Par des cordes, c'est lui, Jésus, que l'on enlace.
(Aux soldats.)
Pourquoi l'avoir ainsi dans ces lieux amené ?
BARUCH
Afin que cette nuit le Christ soit condamné.
PLUSIEURS GARDES, *s'approchant, à la servante.*
En arrière !
LA SERVANTE, *avec dédain.*
Bientôt !
(Montrant le Christ à Pierre.)
Cet homme ?
BARUCH
C'est un traître.
LA SERVANTE
Il a l'air doux et bon.
(A Pierre.)
Je connais le Grand-Prêtre,
Et toi ?
PIERRE
Je ne l'ai vu que de loin sur l'autel.

LA SERVANTE

Je le sers et je sais ce qu'il fait d'un mortel,
Quand sa haine à frapper un ennemi l'engage.

(A Pierre.)

Tu connais ce Jésus ?

PIERRE

Non.

LA SERVANTE

Pourtant ton langage
Est d'un Galiléen le parler lourd et lent.

PIERRE, *avec effroi.*

Je ne l'ai jamais vu.

LA SERVANTE

Tu parais tout tremblant.
Sois brave un peu.

PIERRE

Pourquoi ?

LA SERVANTE, *bas à Pierre.*

J'étais sur son passage
Quand la foule criait, et j'ai vu ton visage.

PIERRE, *se levant.*

Moi ! jamais ? tu confonds, femme, et tu ne peux pas
Te souvenir de ceux qui suivirent ses pas.

*(Il fait un mouvement pour sortir, puis se rassoit. La
servante sort, Helcana rentre un instant après.)*

SCÈNE X

LES MÊMES, *moins la servante,* HELCANA.

SADOC, *avec mépris.*

Lui qui savait hier nous prodiguer l'outrage,
De se dire le Christ il n'a plus le courage.

CAIPHE, *avec colère.*

Défends-toi, nul ici ne veut verser ton sang.
Mais prouve-nous au moins que tu fus innocent.

LE CHRIST, *faisant un pas et regardant Caïphe.*
                    (Tous ont un mouvement d'attention.)
Je n'ai jamais voilé la doctrine sacrée ;
En public, devant tous, mon amour l'a livrée ;
Interrogez alors ceux qui m'ont entendu.

HELCANA *regardant Pierre avec attention.*
Celui-là, dans ces lieux, pourquoi s'est-il rendu ?

CAIPHE, *(il se tourne vers le Christ.)*
Tes Disciples pour toi n'ont pas à comparaître.
                    (Elymas donne un soufflet au Christ.)

PLUSIEURS
Ah   parfait !

ELYMAS
            Est-ce ainsi qu'on répond au Grand-Prêtre ?

PLUSIEURS
Oui ! Bravo !

LE CHRIST, *se tournant vers Elymas.*
            Montre alors que j'ai mal répondu ;
Mais si j'ai bien parlé, pourquoi me frappes-tu ?

SADOC, *avec moquerie.*
Voyez comme il nous craint et comment il avoue !

BEN-JOEL
Du Sanhédrin sacré cet impudent se joue.
   *(Les membres du Sanhédrin se consultent pendant la
négation de Pierre.)*

HELCANA, *revenant et tournant autour de Pierre
                    qu'il regarde.*
Cet homme, près du Christ j'ai dû l'apercevoir.
Je pourrais me tromper... mais je veux le savoir...
                              (A Pierre.)
Réponds-moi, n'es-tu pas partisan du prophète?

PIERRE, *baissant la tête.*
Moi ! je ne connais pas cet homme.

HELCANA
                    Ta défaite
Est claire, mais nier pourtant ne prouve rien.

Vers moi lève les yeux !

PIERRE, *regardant.*

Je vous le dis.

HELCANA

C'est bien.
(Il reste près de Pierre qu'il observe.)

BEN-JOEL, *à Caïphe.*

Pressez-le, hâtons-nous... Le but qu'il se propose
Est d'atteindre le jour pour étouffer sa cause.
(Caïphe s'entretient avec Anne.)

HELCANA, *brusquement à Pierre.*

Quand on frappa Malchus, n'étais-tu pas là-bas ?

PIERRE, *debout et tremblant.*

Moi ! Malchus !

HELCANA

Oui !

PIERRE

Jamais, je ne le connais pas.

ABRAHAM

A ses pieds, chez Simon, la femme pécheresse
Par un impur baiser lui prouva sa tendresse.

BEN-JOEL

Dans le désert, du peuple il se proclama roi.

TOUS

Réponds, Christ. Est-ce vrai ? Parle-nous ! Défends-toi !

HELCANA, *à Pierre.*

Le Grand-Prêtre saura châtier ses apôtres.

PIERRE

Je n'en suis pas.

HELCANA

Peut-être et nous aurons les autres.
(Il sort.)

SCÈNE XI

LES MÊMES, *moins Helcana.*

LE CHRIST

Si je parle, pas un de vous ne me croira ;
Si je vous interroge, aucun ne répondra :
Vous ne me rendrez pas libre.

CAIPHE, *à lui-même, avec colère.*
Toujours l'outrage !
(Aux accusateurs.)
Témoins, de l'accuser ayez donc le courage.
Mais clairement, et tous, ne parlez qu'à propos.

HÉLIAS

Une fois, dans Sion, il tenait ce propos :
Seul, je pourrai détruire et rebâtir le Temple
En trois jours.
(Tous rient et lèvent les épaules.)

ABRAHAM, *avec dédain.*
Vous errez, il donnait un exemple,
Il parlait en énigme, et moi, je l'ai compris

HÉLIAS

Ne provoquez donc pas, Abraham, son mépris.
Une énigme !

ABRAHAM

Il pensait à l'énorme baleine
Qui transporta Jonas sur la liquide plaine...
Il compta les trois jours... En parabole ainsi
Il livrait sa doctrine, et je sais, Dieu merci,
Ce que je dis.

HÉLIAS

Et moi ce qu'entend mon oreille.

ABRAHAM

Je pense que la vôtre à la mienne est pareille.

HÉLIAS

Je l'ai vu baptiser le fils d'Elisabeth.

BEN-JOEL

Lui, Jésus ?

ABRAHAM, *avec une fausse énergie.*

Oui, Lui ! Lui ! Jésus de Nazareth !
Même qu'il a parlé d'Hérode et d'Hérodiade,
Et c'était le printemps au lac de Tibériade.

BEN-JOEL

Mais il est insensé !

ABRAHAM

Je gagne mon argent.

BEN-JOEL, *bas à Abraham.*

Pour l'attaquer soyez au moins intelligent.

ABRAHAM

Je le suis plus que vous.

BEN-JOEL

Moi, je suis sanhédrite.

ABRAHAM

Un sanhédrite !

BEN-JOEL

Eh bien ?

ABRAHAM

Ce n'est pas un mérite.
Il s'est dit le Messie.

PLUSIEURS

Au menteur, le trépas !

HÉLIAS, *avec emphase.*

Toi, Caïphe, et vous tous qui ne le suiviez pas,
Ecoutez, pharisiens, je l'ai vu vous maudire.
(*Mouvement d'indignation dans le Conseil.,*

PLUSIEURS

Voyons ! parle ! Un seul mot... ne peux-tu pas le dire ?

LES GARDES, *aux serviteurs.*

Vous autres, approchez et ranimez le feu.

SCÈNE XII

LES MÊMES, JÉHU, HELCANA, *plusieurs serviteurs.* (1)
LES SANHÉDRITES, *parlent entre eux, pendant que les serviteurs
entrent et entourent Pierre.*

BEN-JOEL

A l'aube, nous serons encore dans ce lieu.

JÉHU, *à Pierre qui se cache derrière les soldats.*

On dirait qu'à nos yeux tu n'oses pas paraître !

PIERRE

Moi ?

HELCANA

Ne pourrais-tu pas éclairer le Grand-Prêtre ?

PIERRE

L'éclairer ?

PLUSIEURS SERVITEURS, *entourant Pierre.*

Oui, vraiment.

PIERRE, *tremblant plus fort.*

Oh ! non, je suis venu...

PLUSIEURS, *en riant.*

Pour voir !

JÉHU

Il ne t'est pas, dis-le-nous, inconnu.

PIERRE, *montrant le Christ.*

Celui-ci ?

HELCANA

C'est ton maître.

PLUSIEURS

Oui.

PIERRE, *avec énergie.*

Non jamais ! mon maître ?

PLUSIEURS

C'est certain.

JÉHU

Et comment peux-tu le méconnaître ?

(1) Ou servantes. Helcana peut être une servante.

PIERRE

Moi ?

PLUSIEURS

Oui ! toi ! Du courage ! et parle franchement.

JÉHU

Tu le connais.

PIERRE

C'est faux.

JÉHU

Fais-en donc le serment

PIERRE

Un serment !

PLUSIEURS

Devant nous !

HELCANA

Il le faut pour te croire.

PIERRE

Un serment !

PLUSIEURS

Allons, jure !

JÉHU

Plus de mot illusoire.

PIERRE, *tremblant, mais essayant de raffermir sa voix.*
J'en atteste de Dieu le nom pur et sacré ;
Jusqu'à ce jour le Christ par moi fut ignoré !
(*Le coq chante. Le Christ se retourne et regarde Pierre
qui se couvre la tête de son manteau et sort.*)

NEUVIÈME TABLEAU
La Condamnation du Christ par le Sanhédrin.

SCÈNE PREMIÈRE
LES MÊMES, *moins Pierre.*

ABRAHAM

Je l'ai vu....

CAIPHE, *interrompant.*

Taisez-vous.

(Après un instant.)
Ecoutez ! Dans la cause
Qui, devant le Conseil, à cette heure se pose,
Du Seigneur sont en jeu les plus purs intérêts.
A les défendre tous, ici, vous êtes prêts.

(Après un instant.)
La gloire de Sion lui viendra du Messie.
Beaucoup ont calculé l'auguste prophétie
Qu'à Daniel dicta l'archange Gabriel,
En comptant les instants par les astres du ciel.
Après soixante-dix, les semaines d'années
Se verront, dans Sion, lentement terminées,
Et le sceptre enlevé de nos mains passera
A l'impur étranger qui nous dominera.
Alors naîtra le Christ, et dans la Cité Sainte
L'ennemi triomphant en foulera l'enceinte.
Or, vous n'avez rien vu de semblable ?

TOUS

Non ! non !

CAIPHE, *montrant le Christ.*

Cet homme qui du Christ ose prendre le nom,
S'il est fils d'Israël, en face du Grand-Prêtre
Qui seul peut le juger, dira ce qu'il croit être.
Ne le condamnez pas, scribes, auparavant.
*(Caïphe se lève, puis s'adressant au Christ, dans un
éclat de voix.)*
Ecoute ! Je t'adjure au nom du Dieu vivant,
Réponds : Es-tu le Christ, fils de ce Dieu, le Maître
A qui tout Israël doit croire et se soumettre ?

LE CHRIST, *calme et relevant le front, il regarde Caïphe
en face.*

Tu l'as dit, et bientôt chacun de vous verra
Le Fils de l'Homme alors qu'il vous apparaîtra,
A la droite de Dieu, assis sur les nuages.
Du monde il jugera les puissants et les sages.
Il montrera sa gloire avec sa majesté.
Les méchants trembleront devant son équité.

CAIPHE, *déchirant ses vêtements, tous se lèvent
avec des gestes de colère, plusieurs se bouchent les oreilles*

Il suffit. Vous avez entendu son blasphème.

SADOC

Pour le Dieu qui nous voit, c'est l'insulte suprême.

CAIPHE

A quoi bon des témoins ?

SADOC

Lorsque cet accusé
Aux rigueurs de nos lois s'est lui-même exposé.

BEN-JOEL

Nous avons de sa bouche appris quel est son crime.

EPHRAIM

D'aussi grands scélérats veulent qu'on les supprime.

CAIPHE

Dites ! Que vous en semble ?

TOUS

Il est digne de mort !

CAIPHE

Que des blasphémateurs il subisse le sort !

TOUS

Oui ! La mort à l'impie !

EPHRAIM

Au trépas qu'on l'entraîne !

TOUS

A la mort !

BEN-JOEL

Vous, soldats, serrez plus fort la chaîne.

TOUS

Lapidons-le !

CAIPHE

César a sur lui d'autres droits ;
Et Pilate peut seul le conduire à la croix.
Soldats, gardez-le bien jusqu'au jour.
(Les soldats se jouent du Christ en l'emmenant.)

ELYMAS

Viens, Messie.
(Il frappe le Christ par derrière.)

NAHUM

Un de nous t'a frappé, fais une prophétie,
Nomme-le.

BARUCH

Bandons-lui les yeux.
(Nahum bande les yeux du Christ.)
Comme jouet
Un prophète en nos mains ! *(Il rit.)*

ELYMAS

Moi, je prends le fouet,
Et sur son front déjà ma main qui le balance
Saura bien le forcer à rompre le silence.
(Ils sortent en frappant et en bousculant le Christ. Au moment où Caïphe et les Sanhédrites se lèvent, Judas entre précipitamment.)

SCÈNE II

LES MÊMES, moins le Christ et les soldats.
JUDAS, *sa bourse à la main.*

JUDAS, *d'un air égaré.*

Ecoutez-moi, vous tous qui frappez l'innocent.
Cet argent, que vos mains comptèrent, est du sang
Le prix infâme et j'ai péché dans cette vente.
De mon forfait le poids m'écrase et m'épouvante.
Nos Pères ont des saints multiplié les morts,
Vous condamnez le Christ sans craindre le remords
Qui me brûle déjà, qui m'étreint et m'accable.
Il est juste, et c'est moi qui seul suis le coupable !
Moi qui vais me punir !... Moi, qui vais le venger !

CAIPHE

Judas ! que nous importe ! A toi de te juger !

JUDAS, *dans un grand cri.*

Me juger ! Votre argent est maudit, ô Grand-Prêtre !
Le voici !

(Il jette la bourse aux pieds de Caïphe.)

Me juger ! Moi ! je ne suis qu'un traître !
C'est la mort qui m'attend, le ciel me fait horreur.
La tombe seule peut éloigner ma terreur.
Nul vivant ne pourra me reprocher mon crime...
Mais des coups du Très-Haut, tu seras la victime ;
Je t'attendrai, Caïphe, au tribunal de Dieu.

(Il sort en déliant sa ceinture qu'il se met autour du cou.)

CAIPHE, *après un instant.*

Cet argent ne peut plus rentrer dans le Saint-Lieu
Du potier achetons le champ. La somme impure
Des frères étrangers paiera la sépulture.

(Un Sanhédrite ramasse la bourse.)

(Rideau.)

SIXIÈME PARTIE

Le jugement de Pilate et Barrabas.

Le théâtre représente la salle du tribunal qui est placée sur un côté du théâtre. La scène est séparée en deux par une barrière, posée en biais et qui s'avance jusqu'au milieu. C'est derrière cette barrière que se tient la foule et les Sanhédrites. Une porte est à côté du tribunal qui se compose d'un siège placé sur une estrade. Le décor peut être simple ou compliqué selon les ressources dont on dispose.

L'estrade du tribunal devra être assez large pour que le Christ et Barrabas se tiennent sur un côté, à moins qu'on ne les fasse descendre et qu'on ne les approche de la barrière.

On pourrait mettre comme décor à droite, l'estrade du proconsul, puis un rideau et, dans les vides du fond, derrière les prêtres, on verrait les têtes de la foule.

Si l'on a des rôles de femmes et si la scène est vaste, la foule pourra se tenir à gauche, en face du tribunal et derrière le Christ.

LE CORYPHÉE

Le jour maudit se lève, et des pervers les voix
Troubleront sous les cieux les échos de ce monde ;
Satan sera vainqueur, et sa puissance immonde
Conduira le Sauveur jusqu'à l'infâme croix.

Rien ne peut retenir la fureur et l'envie,
Ni la vertu du Christ, ni sa pure beauté ;
Il faut à ces méchants son honneur et sa vie,
Pour sauver l'univers, le ciel l'a décrété.

Sans pudeur l'injustice à tous les yeux éclate,
Quand il est innocent, le Christ est flagellé ;
Le peuple déicide est maître de Pilate,
Et le droit pour le Christ est par tous violé.

Jésus ! ô Rédempteur ! vous serez la victime,
Mais seul vous livrerez vos terribles combats,
Et vous, le Saint de Dieu, mis en face du crime,
Vous entendrez leurs cris désigner Barrabas.

Oh ! non, que notre amour pieux vous récompense !
Vos immenses douleurs nous remplissent d'effroi ;
Et pour que vous restiez le Sauveur et le Roi,
Faites que notre cœur jamais ne vous offense.

DIXIÈME TABLEAU

Le Christ et Barrabas.

SCÈNE PREMIÈRE

CAIPHE, ANNE, SADOC, BEN-JOEL, EPHRAIM, PLU-
SIEURS SANHÉDRITES. *Ils se tiennent en dehors du
tribunal.*

BEN-JOEL

Afin de rester purs, arrêtons-nous ici.
C'est la Pâque et la Loi Sainte le veut ainsi.

EPHRAIM

Mais Pilate se fait vraiment par trop attendre.

SADOC

Les rumeurs des soldats doivent pourtant s'entendre.

BEN-JOEL

Il ne peut ignorer que Caïphe conduit
Le criminel par nous condamné cette nuit.

SADOC

Rien ne peut de Jésus ébranler le courage,
Ni les coups, ni la faim, ni la soif, ni l'outrage ;
Il semble être au-dessus des humaines douleurs.
On dirait que parfois il va verser des pleurs,
Son œil voilé se lève au ciel et le supplie,
Et Dieu semble lui rendre une force affaiblie.

BEN-JOEL

Qu'importe ! Serait-il un juste, il périra !
Son impure doctrine avec lui tombera.

EPHRAIM

Son nom seul me suffit pour que ma rage éclate.

SADOC

Silence ! On vient vers nous et j'aperçois Pilate.

SCÈNE II

LES MÊMES, PILATE, LONGIN

LONGIN, *annonçant.*

Le proconsul !

PILATE, *après être monté sur son tribunal.*
Entrez, vous tous, au tribunal.

LONGIN, *moqueur, à Pilate.*

Ils ne le peuvent pas, cela n'est pas légal.
Aller chez les gentils serait une souillure.
Pour la Pâque, il est vrai, l'âme peut être impure,
Mais les yeux et les mains !...

PILATE, *avec un geste de mépris.*
Amenez l'accusé.

SCÈNE III

LES MÊMES, LE CHRIST, ELYMAS, *plusieurs gardes,*
Le Christ est enchaîné et conduit par Elymas.

PILATE, *à lui-même.*

C'est lui ! Dans quel état! Il paraît épuisé.
Leur haine sur son corps a marqué son passage ;
Pourtant quelle grandeur paraît sur son visage !

(Au Christ.)

Dis-nous quel est ton nom ? D'où viens-tu? Qu'as-tu fait ?
Il se tait.

BEN-JOEL

Il a peur d'avouer son forfait.
(*Le Christ regarde Ben-Joël, puis Pilate.*)
PILATE, *aux Sanhédrites.*
Que lui reprochez-vous ?

CAIPHE

Chaque jour il insulte
De notre Dieu puissant et le temple, et le culte.
PILATE, *au Christ.*
Est-ce vrai ?

BEN-JOEL

Devant vous il a peur.

ANNE

Ses propos
Troublent des vrais croyants la joie et le repos.
PILATE, *au Christ.*
Réponds-leur.

SADOC

Il ne fait qu'enseigner des mensonges ;
A vous de nous garder et d'arrêter ses songes.

CAIPHE

Nous sommes les sujets fidèles des Romains,
La liberté du Temple est remise en vos mains.

PILATE

Vous avez une loi.
BEN-JOEL

Vous savez bien que Rome
Ne permet plus aux Juifs de condamner un homme.

PILATE

Ah ! vous voulez sa mort ?

ANNE

Oui, c'est un séducteur !
De révoltes partout on le voit le fauteur.

PILATE

A-t-il versé le sang ?

LONGIN

Il a fait des miracles
Et le peuple, dit-on, écoute ses oracles.

PILATE

Qu'est-il donc ?

LONGIN

Un prophète.

CAIPHE

Il se dit Fils de Dieu,
Le Messie et le Christ, le Maître du Saint-Lieu,

PILATE, *avec une sorte d'effroi.*

Le Fils de Dieu ! Le Christ ! Sa majesté me touche.
Tout cela, je voudrais l'entendre de sa bouche.

PLUSIEURS

Parle donc, possédé !

EPHRAIM

Ne recommence pas,
Ton silence ne peut te sauver du trépas.

PILATE, *à lui-même.*

Fils de Dieu ! Pourquoi non ? Un poète, Virgile,
Voyait venir le temps prédit par la Sibylle ;
Pour savoir si l'esprit de l'homme est immortel,
Le doux Platon au Verbe élevait un autel.

(Après un instant.)

Oh ! comme je voudrais pénétrer sa naissance,
Et, s'il était un Dieu, prouver son innocence !

(Au Christ.)

Parle devant ceux-ci... Que penses-tu de toi ?...
Quelle est ta mission !... Des Juifs es-tu le roi ?

(Le Christ fait un pas.)

PILATE, *aux Juifs.*

Ecoutez.

BEN-JOEL

A quoi bon écouter un blasphème.

TOUS

Condamnez-le.

PILATE

Silence !

LE CHRIST

Est-ce donc par toi-même
Que tu parles ? ou bien quelques-uns de ceux-ci
M'ont-ils reconnu roi ?

PILATE

Si tu réponds ainsi,
Tu m'insultes, ô Christ, sans le vouloir peut-être.
Me prends-tu pour un Juif ? Caïphe, le Grand-Prêtre,
Et les princes de son conseil t'ont amené,
Quand ils t'avaient déjà sans doute condamné.
Quel crime as-tu commis ?

(Moment de silence.)

PLUSIEURS

Ne crois pas qu'il réponde.

LE CHRIST

Mon royaume n'est pas, ô juge, de ce monde.
S'il en était, par mes ministres défendu,
Nul ne m'aurait aux Juifs ni livré, ni vendu :
Oui ! mon royaume est hors des choses de la terre.

PILATE

Je ne le comprends pas ; quel est donc ce mystère ?
Tu serais roi vraiment ?

LE CHRIST

Je suis roi, tu l'as dit,
Et pourtant je suis né...

PLUSIEURS

Livrez-nous le maudit.

LE CHRIST

Dans ce monde venu....

PLUSIEURS

Pilate l'encourage.

LE CHRIST

Pour qu'à la vérité je rende témoignage.

PILATE

La vérité, qu'est-elle ? *(Il se lève et marche.)*
(A part, à lui-même.)
Oui ! c'est un innocent.
Le temps de Socrate est passé. Verser le sang
Pour les dieux, ce n'est pas des Césars la maxime.
Leur politique ailleurs s'en va chercher le crime. (1)
Chacun y voit un temple à sa divinité.
Des nations tout culte à Rome est adopté.
Des humains respectons la pieuse croyance.
Quiconque veut s'en prendre à notre conscience
N'est qu'un obscur tyran de notre liberté.
Nous empêcher de croire à l'immortalité,
C'est malgré le progrès nous conduire en arrière,
Et borner aux plaisirs notre humaine carrière.
(Après un instant.)
Calmons-les.
(Aux Juifs.)
Envers vous il eut peut-être tort,
Mais sa faute, à mes yeux, n'est pas digne de mort

CAIPHE

Nous avons notre loi que l'Empereur respecte.

PILATE

Je le sais.

CAIPHE

Sa conduite alors devient suspecte.

PILATE

Montrez-le.

CAIPHE

C'est facile, ô Pilate.
(Se tournant vers les Juifs, et d'une grande voix.)
A vos yeux,
Que mérite un impie assez audacieux
Pour appeler sans crainte l'Adonaï son Père ?

TOUS, *avec des cris.*

La mort !

(1) Les huit vers suivants peuvent être supprimés.

CAIPHE, *avec haine.*

Le séducteur dont la parole opère,
En troublant Israël, de vaines guérisons ?

TOUS, *levant les mains.*

La mort !

CAIPHE, *s'exaltant de plus en plus.*

Et le parleur qui sème ses poisons
Contre la Synagogue et le Temple lui-même ?

TOUS, *avec fureur.*

La mort !

CAIPHE

Et le maudit grandissant le blasphème
Jusqu'à se proclamer le Christ égal à Dieu ?

TOUS, *avec rage.*

La mort !

CAIPHE, *avec un accent de triomphe.*

Le faux prophète, allant dans le Saint-Lieu
Pour jouer devant vous le rôle du Messie ?

TOUS, *avec délire.*

La mort !

(Bruits confus et tumultueux dans la foule.)

CAIPHE, *à Pilate.*

De l'accusé juge la frénésie.

PILATE

à lui-même pendant que les Juifs parlent entre eux.
Ils ne se rendront pas. La haine les conduit.
Que faire ?   *(Tourné vers le Christ.)*
        Son regard me trouble et me poursuit.

(Au Christ.)

Tu les entends ! Pourquoi mépriser leur langage ?
A servir leur courroux nul serment ne m'engage,
Ne sois pas insensible à leur vile fureur.

(A lui-même.)

Son calme souverain me remplit de terreur ;
Les Juifs facilement commettent l'homicide.

(Avec effroi.)

Mais, s'il est immortel, je me vois déicide.

(A Longin.)

Conseille-moi, Longin.

LONGIN

Vous pouvez, ô Seigneur !
En défendant le Christ, sauvegarder l'honneur.
Pour la Pàque, à ceux-ci, votre haute indulgence
Du glaive des Romains arrête la vengeance.
Vous leur donnez l'un d'eux par nos lois condamné !
Vous avez Barrabas à la croix destiné.
Faites choisir le peuple et sa voix assurée
De son élu rendra la personne sacrée.

PILATE

Longin, c'est vrai ! merci ! Les Juifs n'oseront pas
Au prophète acclamé préférer Barrabas.

(Aux gardes.)

Gardes, vous entendez, amenez l'homicide.

(Des gardes sortent.)

SCÈNE IV

LES MÊMES, *moins quelques soldats.*

SADOC

Que veut le proconsul ?

EPHRAIM

Qui sait ce qu'il décide?
(On entend des clameurs confuses.)

EPHRAIM

Ecoutez !

SADOC

Dans la foule un mot s'élève : A bas !

CAIPHE, *qui regarde.*

On nous amène...

EPHRAIM

Qui ?

CAIPHE, *aux Sanhédrites.*

Devinez ! Barrabas !
Ah ! Je comprends... Allez... Un voleur n'est qu'un homme.
Semez l'or dans le peuple et qu'importe la somme !

La tête de Jésus que l'on crucifiera,
De l'argent dispersé mille fois nous paiera.
   (On amène Barrabas enchaîné que l'on place près de Jésus. Cris dans la foule.)

SCÈNE V

LES MÊMES, BARRABAS, LES GARDES
On entend les clameurs de la foule.

PILATE

Le voici !

LONGIN

Comparez, Seigneur, ces deux visages.
Quels traits vils et hideux ! Et si les Juifs sont sages,
Sur le Christ aussi beau leurs voix se porteront.

PILATE

La haine à la vertu fait souvent un affront !

BARRABAS, *au Christ.*

Prisonnier, comme toi, j'ai vu l'immense foule !
Ecoute ! L'on dirait les fracas de la houle.
Que veulent-ils ?

LE CHRIST, *avec douceur.*

Ma mort.

BARRABAS

Sur l'un de nous, leurs lois
Permettent à ceux-ci de réunir leurs voix,
Crois-tu qu'ils vont briser ma chaîne ?

LE CHRIST

Oui !

BARRABAS

Mais quel crime
As-tu commis ?

LE CHRIST

Aucun ! je serai leur victime.

BARRABAS

Si j'ai la liberté, va ! je te vengerai.

LE CHRIST

Quand ils m'auront frappé, je leur pardonnerai.

BARRABAS, *avec dédain*.

Pardonner, c'est l'oubli !

LE CHRIST

C'est l'amour !

BARRABAS, *avec indignation*.

Non, arrête !

Pardonner !...

LE CHRIST

Oui ! pour eux à mourir je m'apprête.

BARRABAS

Quand tu ne seras plus, ils se riront de toi.

LE CHRIST

C'est après le tombeau que j'en serai le roi.

PILATE, *aux Juifs*.

Deux criminels des lois assument la vengeance ;
Mais l'un peut mériter, ô Juifs, notre indulgence,
Qui dois-je délivrer ? Jésus ou Barrabas ?

LES JUIFS

Barrabas, non Jésus !

PILATE

Mais lui, le Christ.

TOUS

A bas !

PILATE

Barrabas a versé le sang de son semblable.

TOUS

Nous le voulons !

PILATE

Le Christ ?

TOUS

Le Christ est plus coupable !
Délivrez Barrabas ! Mort au Galiléen !

PILATE, *avec un mouvement de joie.*

Il serait un sujet du prince Iduméen ?

LONGIN

Ses parents sont issus, dit-on, de Galilée.

PILATE

Sa cause, dans ce cas, devrait être appelée
Au tribunal d'Hérode et non pas devant moi.

(A part.)

J'ai trouvé le moyen d'échapper à leur loi.

(Aux Juifs.)

Hérode, sur le Christ, conduira mieux l'enquête.
Au palais du Tétrarque emmenez le prophète.

(Pilate sort, on emmène le Christ. Les soldats brisent les chaînes de Barrabas.)

SCÈNE VI

BARRABAS, QUELQUES SOLDATS

BARRABAS, *aux soldats.*

Gardes ! merci ! c'est moi qui suis libre et m'en vais.
Vous ne me tiendrez plus dans vos mains désormais ;
Car voyez-vous celui que cette bande emmène,
Moi, Barrabas, je dis : Sa beauté surhumaine
Ne vient pas de ce monde où tout est criminel.
Il est, comme on le dit, le fils de l'Eternel

(Rideau.)

SEPTIÈME PARTIE

L'Ecce-Homo. — Le Départ pour le Calvaire.

LE CORYPHÉE

« Voilà l'Homme ! » dira bientôt le juge impie ;
Et le Sauveur paraît sous le poids des douleurs ;
    Les forfaits que le Christ expie
    De nos yeux arrachent des pleurs.

C'est pour nous qu'un Sauveur à la honte s'expose !
Pour nous que par son peuple il sera rejeté ;
    Trop souvent la créature ose
    Se flétrir par l'iniquité.

« Voilà l'Homme ! » « Qu'il meure ! » a répondu la foule.
« Il ne régnera pas sur nous, ce malfaiteur ! »
    La haine, dans un bruit de houle,
    Hurle contre le Rédempteur.

Jésus entend les cris de ce peuple en démence :
« A bas ! enlevez-le ! César est notre roi ! »
    Et Pilate à trembler commence
    Le cœur troublé d'un lâche effroi.

Va ! de ton jugement la honte à toi s'attache !
Lave tes mains, c'est toi qui frappes l'innocent ;
    Plus rien n'effacera la tache,
    De ton Dieu tu verses le sang !

Mais les Juifs porteront la même flétrissure,
Le nom si pur du Christ marquera tous leurs pas,
    Du déicide la blessure
    De leur front ne passera pas.

Voilà l'Homme pour vous qui pleurez sa souffrance !
Montrez-lui dans ses maux une tendre pitié ;
    Du ciel vous aurez l'espérance,
    Si vous gagnez son amitié.

ONZIÈME TABLEAU
L'Ecce-Homo et le Couronnement d'épines.

___

SCÈNE PREMIÈRE
PILATE, LONGIN

PILATE

Que fait Hérode ? A-t-il terminé l'audience ?
Le Christ est-il absous ? A mon impatience
Le Tétrarque plus tôt aurait bien pu songer,
En députant vers moi quelque sûr messager ;
Pourvu que de mes yeux ce Jésus disparaisse,
Des Scribes et des Juifs j'aurai trompé l'adresse.

(Après un instant.)

Voici la troisième heure... Et nul bruit dans ces lieux,
Tout me paraît fini, rendons grâces aux dieux !

(On entend des cris lointains.)

SCÈNE II
LES MÊMES, ELYMAS *qui se précipite.*

PILATE, *à Elymas.*

Qu'annonces-tu ?

ELYMAS

Bientôt vous verrez le prophète.

PILATE

Libre enfin ?

ELYMAS

Non, Seigneur.

PILATE

Est-ce donc la défaite ?

Pourront-ils triompher ?

ELYMAS

Hérode fut content,
Et pensait vous montrer l'accusé repentant.
Il paraissait heureux de votre courtoisie.
Ses efforts furent vains. Il pria le Messie

De montrer son pouvoir par un fait merveilleux ;
Sur lui votre captif ne leva pas les yeux.
Le Tétrarque irrité de cette moquerie,
Le payant de retour usa de raillerie ;
Et ce fut dans sa cour un amas de bons mots,
De rires éclatants et de joyeux propos.
Rien ne put émouvoir le Christ. Fixant la terre,
On le voyait alors si noblement austère,
Qu'Hérode dépité, pour être moins petit,
De la robe des fous devant tous le vêtit.
Un manteau blanc le couvre ; en riant on l'acclame,
Lui se laisse entraîner sans dévoiler son âme.

LONGIN

Et ce peuple chantait en l'entourant d'honneur :
« Béni celui qui vient dans le nom du Seigneur ! »
Sur ses pas triomphants, il semait la verdure,
Voilà cinq jours ! O Juifs serviles ! Race impure !

SCÈNE III

LES MÊMES, LE CHRIST, CAIPHE, ANNE,
LES SANHÉDRITES, LES SOLDATS.

PILATE, *regardant le Christ.*

Son visage pâli garde sa majesté,
Rien n'en peut affaiblir la sublime beauté :
C'est le Juste insensible aux ruines du monde
Qui, dans les plus grands maux, garde une paix profonde,
Qui sans trouble subit les arrêts du destin,
Comme l'avait chanté le poète latin (1).
Et le rêve d'Eschyle est vrai. Son Prométhée,
Si noble dans les fers, dont l'âme est tourmentée
Sur le rocher sanglant qui lui servait d'autel,
Moins par le noir vautour qui rongeait l'immortel,
Moins par la sombre faim et la soif renaissante
Que par les fers rendant sa tendresse impuissante,

---

(1) Les huit vers suivants peuvent être omis, le neuvième sera dans ce cas :
Et ce Juste c'est lui, devant les Juifs... j'oublie.

Le voici !... Ses bienfaits le montraient odieux,
Des hommes le sauveur fut frappé par les Dieux.
Prométhée est le Christ devant les Juifs.

(Revenant à lui.)

J'oublie

Que leurs Princes mauvais l'accusent de folie.
De leurs cruelles mains, il me faut l'arracher.
Caïphe est là...

(Aux Juifs, en se levant.)

Vers moi, que venez-vous chercher ?

Vous m'avez amené cet homme qu'on accuse
De soutenir les Juifs que sa parole abuse.

CAIPHE, s'avançant.

Sa voix sème en tous lieux un malaise secret.
La révolte grandit ; le nom de Nazareth
A remplacé les noms de Sion et du Temple.
A chaque pas un œil irrité nous contemple.
Même dans la Judée où règnent les Romains,
La puissance divine échappe de nos mains.
Que voulez-vous de plus ?

PILATE

Je vois Sion paisible,

Et cet homme à mes yeux n'est pas répréhensible.

ANNE

Vous le relâcheriez ?

PILATE

Pourquoi non ?

EPHRAIM

Sans retard ?

CAIPHE

Il défend de donner le tribut à César.

PILATE

Mais il paie et cela suffirait pour l'absoudre.
A frapper l'innocent je ne puis me résoudre.

ANNE, aux Sanhédrites.

Pilate hésite, amis, dans un dernier effort,
En sachant nous entendre, arrachons-lui sa mort.

PILATE

Contre celui que vous réclamez pour victime,
Hérode a-t-il trouvé la preuve d'un seul crime ?

CAIPHE

Le roi l'a méprisé.

PILATE

Cela ne suffit pas
Pour qu'au nom de César j'ordonne son trépas.

CAIPHE, *avec un cri de haine.*

Il s'est dit Fils de Dieu.

PILATE, *à part, à lui-même.*

Toujours cette parole !
Dans le même silence il s'enferme et s'isole !

(Au Christ.)

Qui donc es-tu ?... Réponds... Tu sais bien que sur toi
J'ai l'auguste pouvoir que m'accorde la loi ?
Ou te crucifier, ou bien libre te rendre,
C'est mon droit souverain. Ne peux-tu le comprendre ?

LE CHRIST

Tu n'aurais pas sur moi ce droit de condamner,
Si le ciel n'avait pas voulu te le donner.
Mais nul homme jamais ne se verra capable
De commettre un forfait plus grand que le coupable
Dont les mains m'ont livré, dont le cœur m'a trahi.

PILATE, *à lui-même.*

Il ne méritait pas certes d'être haï.
Mais toujours son appel à son Dieu !... Le mystère
Continue à planer sur son visage austère ;
Il ne sera jamais par mes regards percé,
Et je ne saurai pas ce que fut son passé.

SCÈNE IV

LES MÊMES, UN MESSAGER

LE MESSAGER

Seigneur, vers vous m'envoie une épouse inquiète,
Et sa main a rempli cette courte tablette.

Elle ose demander au nom de nos grands dieux,
Que sur les mots tracés vous arrêtiez les yeux.

          PILATE, *prenant la tablette et lisant :*

« De ce juste laissez la douloureuse affaire
« Aux Juifs qui vont chercher par vous à s'en défaire.
« Ne vous en mêlez pas ; il fut le sombre objet
« D'un rêve ténébrèux que j'eus à son sujet. »

                    (Au messager.)

C'est bien.

                   (Le messager sort.)

SCÈNE V

LES MÊMES, *moins le Messager.*

          PILATE, *à lui-même.*

      Est-ce un avis qu'un des dieux de l'empire
A ma fidèle épouse, en ses desseins, inspire ?

               (Regardant les Juifs.)

Je ne sais pas comment apaiser leur courroux,
Et ravir ce Jésus à leurs soupçons jaloux.

               (Après un instant.)

Ah ! je trouve un moyen de gagner leur suffrage
Et d'apaiser d'un coup leur inhumaine rage.

                   (Aux Juifs.)

Cet homme, je le vois, mérite un châtiment...
Je m'en vais l'imposer... Il fera le serment
De vivre, sous vos lois, paisible en sa demeure.
Tout crime ne veut pas que le coupable meure,
Et c'est avec la loi qu'il doit être pesé.

                  (Aux soldats.)

Vous, gardes, au prétoire emmenez l'accusé ;
Qu'on le flagelle et puis ici qu'on le conduise.
Quand il sera frappé, je ne crois pas qu'il nuise.

    (On emmène le Christ. Les Juifs le suivent.)

SCÈNE VI

PILATE, LONGIN

PILATE

Ai-je bien fait ? j'en doute et ne sais plus comment,
Pour demeurer en paix rendre mon jugement.

Je le livre aux soldats afin de leur complaire.
En seront-ils contents dans leur lâche colère ?
(Il regarde vers le prétoire.)
Je le vois !... Et déjà sa robe est à ses pieds...
Il est nu ; les deux bras l'un sur l'autre liés...
On le conduit à la colonne et, sans rien dire,
Il se laisse attacher, insulter et maudire.
(Après un instant, avec admiration.)
D'Apelles sa beauté tenterait le pinceau !
Phidias en ferait sortir par son ciseau
Un de ces immortels que le monde révère.
La ligne de son corps, si pure et si sévère,
Dans sa grâce paraît le vêtement d'un Dieu.
On le dirait formé par des rayons de feu.
(Avec vivacité.)
Arrêtez, ô bourreaux ! Détruire cet ouvrage,
C'est d'un barbare offrir l'ignorance et la rage !
Oh ! ne le frappez pas !
(Avec accablement.)
J'ai moi-même ordonné
Qu'aux fouets déchirants le Christ soit condamné.
Ah ! Longin ! Que je souffre ! et, quand son innocence
Peut ou non reposer sur ma condescendance,
J'ai peur...

LONGIN

Devant César, qu'est un homme ? Si peu !

PILATE

Mais, devant l'univers et le ciel, qu'est un Dieu ? (1)

LONGIN

Un Dieu sorti des Juifs !

PILATE

Les Juifs ! je les redoute.
Ils courberont le front, mais nous aimer j'en doute.
Depuis plus de trente ans, je surveille leurs pas,
Je les juge, les vois et ne les connais pas.

---

(1) On peut supprimer la fin du dialogue entre Pilate et Longin et le remplacer par les deux vers suivants :
(Après un instant.)
Eloignons-nous !... Parfois, Ah ! qu'il devient pénible
De suivre du devoir le chemin inflexible !

La race, à chaque peuple, est, semble-t-il, unie.
Romain avec César, et grec dans l'Ionie,
Dans les Gaules barbare, à Numance espagnol,
A Carthage africain, adoptant chaque sol,
Le Juif demeure Juif. D'égoïsme pétrie
Son âme ne sait pas ce qu'est une patrie.
On le peint en deux mots : trafiquer, puis haïr.
Pour l'or un Juif toujours est prêt à vous trahir.
Dans ses bazars on voit, pour produire des sommes,
Réunis à la fois des habits et des hommes ;
Et d'antiques débris recueillis de tous lieux
Y touchent sans pudeur l'image de nos dieux.
Faudra-t-il qu'à mon tour à leurs vœux j'obéisse ?
Un Caïphe l'a dit, faut-il que je subisse
Sans courage et par crainte, ô Dieu, leur volonté ?

LONGIN

Mais la ville est soumise à votre autorité.

PILATE

Ami, tu ne sais pas comment la synagogue
Domine des cités le plus fier démagogue,
Et celui qui plus haut parle de liberté,
Est avec de l'argent sans pudeur acheté.
Elle sait de quel prix est une conscience,
A quel taux s'évalue ou non, la confiance.
De multiples complots ils se font les fauteurs,
Et, dans Jérusalem, leurs obscurs délateurs
M'observent et je crains que César ne me laisse
La disgrâce et l'exil pour prix de ma faiblesse.
Les Juifs sont peu nombreux par rapport aux Romains,
Ils tiennent de l'Etat tous les fils dans les mains.

(Il regarde.)

Les voici ! Leurs regards haineux, glacés et sombres
En se tournant vers moi semblent se voiler d'ombres.
Mais pour lui quelle ardeur les enflamme soudain !
Quelle colère unie au plus sanglant dédain !
Oui ! j'en veux triompher et leur montrer qu'en somme
Jérusalem n'est pas la maîtresse de Rome.

(Rideau.)

DOUZIÈME TABLEAU
Le Couronnement d'épines. (1)

SCÈNE PREMIÈRE
LE CHRIST, *dépouillé de ses vêtements.* — JULIUS,
MARTIAL, ALBUS, SCIPION.

JULIUS

Voici le roi des Juifs !

(Tous rient.)

SCIPION
Il est pâle d'effroi.

ALBUS, *riant.*
Les nœuds de nos fouets, pauvre et malheureux roi,
Ont semé des rubis sur ta chair empourprée.

MARTIAL, *riant.*
Ta puissance à Sion sera plus vénérée.

ALBUS
Ils se prosterneront devant tes pas tremblants
En voyant de leur chef les membres tout sanglants.

SCIPION
Mais s'il est roi vraiment, élevons-lui son trône !
Voyez cet escabeau.
(Ils conduisent le Christ à l'escabeau.)

MARTIAL
Donnez-moi sa couronne.

SCIPION, *faisant asseoir le Christ violemment.*
Assieds-toi, nous allons de nos doigts la tisser,
Et de nos nobles mains sur ton front la placer.
(Il sort en riant.)

SCÈNE II
LES MÊMES, *moins Scipion.*

ALBUS, *prenant un lambeau d'étoffe rouge.*
De son pouvoir royal voici le pur insigne,
De ce rouge manteau, soldats, n'est-il pas digne ?
*(Ils jettent le manteau sur les épaules du Christ avec
violence).*

(1) Le couronnement d'épines peut être supprimé.

TOUS

Bravo !

MARTIAL, prenant un roseau
qu'il met dans la main du Christ après l'avoir frappé.

Voici le sceptre, il pourra commander
Sans effrayer les cœurs qu'il daignera guider.

JULIUS

Il ne lui manque plus qu'un brillant diadème.

SCÈNE III

LES MÊMES, SCIPION, qui rentre avec une couronne
d'épines.

SCIPION

Tenez, amis.

TOUS, riant.

Ah ! Ah !

MARTIAL

Voilà l'honneur suprême !
Ce bandeau suffira pour écarter l'affront
Qui pourrait s'attaquer à son auguste front.

JULIUS

Mais fixons-la. Je frappe.   (Il frappe le Christ.)

MARTIAL frappant à son tour

Et je la consolide.

SCIPION

Pauvre Christ ! Il pâlit, son visage est livide.

MARTIAL, riant.

Le fardeau du pouvoir est pour lui si pesant !

ALBUS, se moquant.

Ainsi paré le Christ est vraiment imposant.

TOUS, s'agenouillant, puis frappant le Christ.

Salut ! grand roi !

MARTIAL, s'agenouillant avec moquerie.

J'honore et bénis ta puissance.

JULIUS, *s'agenouillant, puis frappant.*
Je compte avoir ma part de ta munificence.
SCIPION *s'agenouillant.*
O puissant roi des Juifs, à tes pieds prosterné,
Je me sens trop heureux de t'avoir couronné.
(Il presse la couronne en frappant).

SCÈNE IV
LES MÊMES, LONGIN

LONGIN
Le proconsul !

TOUS
Sitôt.

(Au Christ.)
Debout, roi !
LONGIN, *aux soldats.*
Vous, silence !
(A lui-même.)
Pourrons-nous arrêter enfin leur violence !

SCÈNE V
LES MÊMES, PILATE, LES GRANDS-PRÊTRES, LES SANHÉDRITES. *La foule dans le lointain.*

PILATE, *à part.*
En quel état, grand Dieu ! leurs coups l'ont-ils réduit.
(Il s'avance vers le peuple avec le Christ.)
Le Christ que le Conseil à mes pieds a conduit,
Je viens de le punir suivant la loi romaine.
Quand ses traits ont perdu toute apparence humaine.
Son crime contre vous n'est-il pas expié ?
Voilà l'Homme !
(Moment de stupeur.)
TOUS
A la mort ! Qu'il soit crucifié !
PILATE
Mais quel mal a-t-il fait ?

TOUS

A la mort ! La sentence !

PILATE

Contre lui je ne puis céder à votre instance,
Voici votre roi.

TOUS

Non ! jamais ! qu'il meure ! A bas !

(Tumulte.)

PILATE

Voyez ce qu'en ont fait les fouets des soldats !

TOUS

Enlevez-le ! — Du Christ cachez-nous la figure !
Enlevez-le ! — Le voir est pour nous une injure.
Qu'il soit crucifié !

(Le bruit est extrême.)

PILATE

Même contre la loi ?

TOUS

Oui !

PILATE

Je crucifierai...   *(Cris prolongés.)*

LONGIN

Silence !

PILATE

Votre roi ?

TOUS

César est notre roi, nul autre !

PILATE, *à lui-même.*

Moi !... Les craindre !...
A condamner le Christ vont-ils donc me contraindre ?
Et pour vaincre l'émeute, est-il hélas ! trop tard ?

LA FOULE

Qui se dit roi se fait ennemi de César.
Qu'il soit crucifié !

PILATE, *à lui-même.*

Faut-il que je leur donne
Ce Christ et qu'à la croix enfin je l'abandonne ?

LA FOULE

Mort au blasphémateur ! Mort au séditieux !

PILATE, *à lui-même.*

Cette foule en délire est horrible à mes yeux,
Et leurs prêtres pourraient, dans leur fureur extrême.
Appeler de César la vengeance suprême.
Aux querelles des Juifs je demeure étranger.
A m'immoler pour lui, je ne puis pas songer.
Mon salut avant tout. Le peuple le demande,
Le peuple est souverain, son vote me commande.
Qu'importe s'il voit mal ! Libre à lui de choisir,
En violant les lois, quand tel est son désir.

(*Se tournant vers les gardes.*)

Apportez-moi, soldats, un vase plein d'eau pure.

(*Il s'assoit pendant qu'un garde sort.*)

SCÈNE VI

LES MÊMES, *moins un garde.*

PILATE

Aux Juifs je veux laisser l'homicide souillure.

(*Cris prolongés dans la foule.*)

SCÈNE VII

LES MÊMES, LE GARDE *qui revient*
avec un plateau et une amphore.

PILATE, *se levant et se rapprochant des Juifs*

Du Christ vous demandez la mort sur une croix ;
Ma justice n'a pas à défendre ses droits.
Ce n'est pas un Romain que votre haine outrage.
Et vous seul porterez le poids de votre rage.

(*Il se lave les mains.*)

Je me lave les mains et je suis innocent
De la mort de ce juste et du prix de son sang.
Peuple, entends-tu ma voix ?

TOUS

Oui, que son sang retombe
Sur nous et sur nos fils !

PILATE, *s'asseyant et sombre.*

Et jusques à la tombe
Cette tache de sang aux yeux de l'univers,
Restera sur le front de ce peuple pervers.

(Il regarde le Christ.)

De cet homme toujours sublime est la constance !

(Après un instant, il se lève et s'adresse au peuple. Un greffier pourrait lire la sentence après que Pilate aurait dit le vers suivant.)

Peuple, du condamné recevez la sentence.

PILATE, *ou un greffier.*

« Sous Tibère César, auguste souverain,
« Pour la dixième fois élu consul romain,
« Jésus de Nazareth, roi des Juifs et prophète,
« Le Christ, sera conduit, ce jour, avant la fête,
« Avec les deux voleurs, et comme un condamné,
« Sur le mont du Calvaire, ainsi l'ai-je ordonné.

LE PEUPLE

Il est à nous, bravo !

ANNE

Ce soir, la mort glacée
Brisera pour jamais le fil de sa pensée.

PILATE, *ou un greffier.*

« Au-dessus de la croix, l'inscription sera :
« Jésus de Nazareth, roi des Juifs ; on verra
« Comment il fut frappé par le glaive de Rome,
« Et, pour qu'on sache bien le rôle de cet homme,
« Vous emploierez le grec, le latin et l'hébreu. »

(En faisant un mouvement pour sortir.)

J'ai cédé ; si des Juifs j'avais frappé le Dieu !

CAIPHE, *s'avançant vers Pilate.*

Attribuez ces mots de la croix au coupable,
Ou ceux qui les liront, croiront Sion capable
Pour notre roi d'avoir élu ce Jésus-Christ.

PILATE, *revenant vers Caïphe.*

Ce que j'ai pour Jésus écrit, demeure écrit.

(En sortant.)

Oublions-les enfin, et, ce soir, sous les palmes,
Les foules dormiront sans remords et plus calmes (1).
(*Pilate sort, puis Anne, Caïphe et plusieurs Sanhédrites.*)

TREIZIÈME TABLEAU
Le Départ pour le Calvaire.

SCÈNE PREMIÈRE
LES MÊMES, *moins Pilate, les Grands-Prêtres,*
plusieurs Sanhédrites.

BEN-JOEL, *haineux.*
Nul homme n'osera dire devant la croix :
Vous êtes le Messie, en vous, Seigneur, je crois.

LONGIN, *aux gardes*
Amenez l'instrument qu'il doit porter lui-même.
(*Le garde sort.*)

SCÈNE II
LES MÊMES, JEANNE, MARIE, *mère de Jacques,*
MARIE SALOMÉ, *les filles de Jérusalem.*

MARIE SALOMÉ
Laissez-nous le Sauveur.

EPHRAIM
Ecoutez ce blasphème.

MARIE, *mère de Jacques.*
Il a sauvé mon fils.

JEANNE
O mon Seigneur, pitié !

SCÈNE III
LES MÊMES, *un garde apportant la croix qu'il pose sur*
les épaules du Christ.

MARIE SALOMÉ
Vous si bon et si doux, si digne d'amitié !

(1) Le tableau peut s'arrêter ici.

UNE VOIX

Vous qui m'avez rendu dans Naïm à ma mère !
Oh ! ne nous quittez pas !

MARIE, *mère de Jacques.*

Nulle douleur amère,
Jusqu'à lui n'élevait sa suppliante voix.
Sans être consolée et guérie à la fois.

UNE VOIX

Lui si beau ! de la honte il porte les blessures.

UNE VOIX

D'une meute on dirait qu'il sentit les morsures.

MARIE SALOMÉ

Je l'avais adoré jadis à Bethléem.

LE CHRIST, *il a été chargé de sa croix pendant ces
lamentations, il fait un pas et dit :*

O femmes de Judée et de Jérusalem !
Ne pleurez pas sur moi, gardez plutôt vos larmes
Pour vous et pour les fils objets de vos alarmes.
Des jours viendront bientôt où le cœur attristé
Dira : « Béni le sein qui n'a pas enfanté,
Et celui qui n'a pas reçu de la nature
Le lait où les petits trouvent leur nourriture. »
Ils s'écrieront alors, tremblants, à deux genoux :
« O monts, cachez nos fronts, collines, couvrez-nous ! »
Si le ciel frappe ainsi le bois vert, quel supplice
A l'égard du bois sec prépare sa justice !

DES VOIX

Malheur à nous ! Sion ! Il est ton Dieu, malheur !

(Mouvement dans la foule.)

SCÈNE IV

LES MÊMES, LA VIERGE, SAINT JEAN.

SCIPION

Une femme !

UNE VOIX

Sa mère.

LA VIERGE, *faisant un pas.*

O mon Fils ! O douleur !

(Elle ferme les yeux et s'appuie sur les bras de saint Jean. Le Christ la regarde.)

MARIE SALOMÉ

L'aspect de son enfant d'un poids trop lourd l'oppresse.

MARIE, *mère de Jacques.*

Vaste comme la mer doit être sa détresse ;
Jésus semble pleurer.

JEANNE

La voici qui revient ;
Mais plus pâle toujours, car son cœur se souvient.

LA VIERGE, *avec piété et debout.*

Mon Fils, de vous prouver ma tendresse c'est l'heure,
Sur leur crime avec vous pour leur salut je pleure.

SCÈNE V
LES MÊMES, VÉRONIQUE, MADELEINE.
Puis SIMON DE CYRÈNE (1)

MADELEINE

O mon roi couronné d'épines ! ô mon Seigneur !
O mon Maître ! Vous voir dans un tel déshonneur !
Vous condamné par eux !

VÉRONIQUE, *avec piété.*

Ils ont eu le courage.
De pousser à l'excès leur sacrilège rage !

MADELEINE

O mon Jésus ! Je veux vous suivre et puis mourir !

VÉRONIQUE

Etre inondé de sang ! Sous leurs coups tant souffrir !

(Elle s'agenouille et détache son voile.)

Seigneur ! prenez mon voile et voyez-moi, tremblante,
Vous prier d'effacer cette sueur sanglante

(1) On peut supprimer les rôles de Véronique et de Madeleine et faire dire par saint Jean les mots : *O Dieu Bon !*

Qui vient de votre front et coule sur vos yeux.
Ne me refusez pas, ô Christ ! ô roi des cieux !

LE CHRIST

il prend le voile, s'essuie et remet le voile à Véronique.

Je te bénis et veux répondre à ton hommage,
En laissant à la terre et par toi mon image.

VÉRONIQUE,

contemplant le voile qu'elle baise en s'éloignant.

O Dieu bon !

JULIUS, *écartant Véronique et Madeleine.*

Laissez libre, ô femmes, le chemin.
En paix, sur son tombeau, vous gémirez demain.

PLUSIEURS SOLDATS, *s'avançant vers la foule.*

Vous tous, écartez-vous... Allons, peuple ! En arrière !

SCIPION

Le jour est au milieu de sa courte carrière ;
Il faut qu'avant le soir tout soit fini.

(Il pousse le Christ qui tombe. Il le secoue ensuite. Le Christ se relève sur les genoux et s'appuie sur la croix.)

Debout !

O Christ !

SIMON DE CYRÈNE

Mais il n'ira jamais jusques au bout,
Il lui faudrait un aide, à peine s'il se traîne.

SCIPION, *à Simon*

Et toi, quel est ton nom ?

SIMON DE CYRÈNE

Moi, Simon de Cyrène.

SCIPION, *à Simon.*

Prends la croix et suis-nous.

(Simon fait un mouvement en arrière, Scipion l'arrête brutalement.)

Voyons, m'as-tu compris ?

Du temps que tu perdras, tu recevras le prix.

SIMON DE CYRÈNE

On peut payer un traître et non Simon... Je cède,
Et la pitié m'incline à lui prêter mon aide.

SCIPION

Assez ! Voici la croix. Prends-la, Cyrénéen.
  *(Simon prend la croix tombée auprès du Christ et la met
sur ses épaules. Le Christ lui aide.)*
Nous te suivrons guidant notre Galiléen.
Quand nous l'aurons cloué, ta voix pourra sans craindre,
En attendant sa mort, le louer ou le plaindre.

(Rideau.)

HUITIÈME PARTIE
Le Calvaire et la Mort.

Le théâtre représente le mont du Calvaire. Le Christ est sur la Croix. Si l'on supprime les deux larrons, on peut les imaginer hors de la scène. Un acteur dirait leurs rôles dans les coulisses qui seraient alors la continuation du fond représentant un ciel sombre.

LE CORYPHÉE

Le Calvaire et la mort, ô mon Dieu, qui les fis
Parce que ta Justice à l'amour les réclame ;
Le Calvaire et la mort sont la fin de ce drame !
Le Calvaire et la mort avec le Crucifix !

O vous qui désirez avoir dans cette vie
Un cœur qui soit ouvert quand le vôtre est blessé,
Ecoutez les appels du Dieu qui vous convie
A verser vos douleurs dans son cœur transpercé !

Sa tendre voix nous dit : « Dans mes sombres supplices,
Je console tous ceux qui veulent ici-bas
Goûter du dévouement les plus pures délices,
En s'unissant à moi dans mes cruels combats.

« Vous redoutez la mort !... Venez, je suis la vie,
Je suis l'espoir pour vous qui craignez l'abandon ;
Par mon front rayonnant l'âme sainte est ravie,
Et j'ai pour le pécheur ma grâce et mon pardon. »

« Vous pleurez, j'ai souffert ; vous désirez, j'appelle ;
Vous tremblez, j'ai frémi ; vous me cherchez, j'attends ;
Vous frappez et mon cœur s'ouvre toujours fidèle ;
Vous écoutez, je parle ; et vous priez, j'entends. »

Le Calvaire et la mort ! Le Dieu qui les réclame.
Pour laver nos péchés dans le sang de son Fils ;
Le Calvaire et la mort avec le Crucifix ;
Le Calvaire et la mort sont la fin de ce drame !

QUATORZIÈME TABLEAU
Le Calvaire.

SCÈNE PREMIÈRE

LE CHRIST, GISMAS, DISMAS, QUATRE BOURREAUX, LONGIN, ANNE, CAIPHE, SADOC, EPHRAIM, BEN-JOEL, LA FOULE. *Le Christ est au milieu de la scène, sur la croix entre les deux larrons. Les bourreaux sont à sa droite, les Princes des prêtres et la foule à sa gauche. Les bourreaux ramassent les clous et les vêtements des condamnés pendant le commencement de l'action.*

PREMIER BOURREAU

C'est fini, par les clous nous l'avons attaché.

DEUXIÈME BOURREAU

Pour son triste sommeil, le lit qu'il a cherché
Est le dernier auquel un misérable pense.

PREMIER BOURREAU

C'est celui que Sion au Roi des Juifs dispense.

TROISIÈME BOURREAU

Les prêtres, plus que nous, en semblaient les bourreaux.

QUATRIÈME BOURREAU

Ils nous tendaient les clous et guidaient nos marteaux.

DEUXIÈME BOURREAU

Leur haine, qui voudrait tenter de la décrire ?

PREMIER BOURREAU

Quand le sang jaillissait, on les voyait sourire.

TROISIÈME BOURREAU

Il m'offrit ses deux bras.

QUATRIÈME BOURREAU

    A moi ses pieds.

PREMIER BOURREAU

                Ses yeux,
Par les pleurs assombris, interrogeaient les cieux.

CAIPHE, *au Christ avec un geste de défi.*
Toi qui devais détruire en trois jours notre Temple,
Descends donc de la croix.

ANNE
Que chacun te contemple
Laissant le bois infâme où nous t'avons cloué.

SADOC
Tu ne seras jamais par nos voix plus loué.

BEN-JOEL
Viens, en toi nous croirons.

EPHRAIM
Accomplis ce prodige
Pour qu'à bénir ton nom, la crainte nous oblige.

(Moment de silence.)

LE CHRIST
Père, pardonnez-leur, car ils ne savent pas
Ce qu'ils font.

SADOC
Si vraiment, nous voulons ton trépas.

CAIPHE
Son Père !... Son pardon !...

(Au Christ.)
Oserais-tu prétendre,
Quand tu meurs sur la croix, que Dieu puisse t'entendre ?

DEUXIÈME BOURREAU
Le Christ délire.

TROISIÈME BOURREAU
Oh ! non, même dans ses malheurs,
Il est calme et paraît dominer ses douleurs.

QUATRIÈME BOURREAU
Voici ses vêtements, puis sa blanche tunique.

ANNE
Son pardon !

CAIPHE
C'est l'insulte et le blasphème inique.

QUATRIÈME BOURREAU

J'en ai fait quatre parts, vous pouvez en juger.
Mais sa robe, entre nous, comment la partager ?
Le sang n'en détruit pas l'admirable texture,
Ne la déchirons pas puisqu'elle est sans couture.

PREMIER BOURREAU

Il serait mieux, je crois, de la tirer au sort.

BEN-JOEL

Toi qui ressuscitas Lazare de la mort...

EPHRAIM

Toi qui devant la foule as fait tant de miracles...

ANNE

Tu sais de Jéhovah quels furent les oracles ?

CAIPHE

Ouvre les Livres Saints ; le prophète l'a dit :
Celui que l'on suspend à la croix est maudit.
Te voilà !... Les tourments font à tous reconnaître
Qu'un infâme d'un Dieu jamais n'aurait pu naître.

PREMIER BOURREAU

Venez plus loin. Voici les dés.

(Les bourreaux s'assoient et remuent les dés.)
J'ai trois.

DEUXIÈME BOURREAU, remuant les dés

Huit.

TROISIÈME BOURREAU, remuant les dés.

Sept.

QUATRIÈME BOURREAU, même geste.

Tu m'as porté bonheur, Jésus de Nazareth,
J'ai dix ; et je vendrai pour une bonne somme
A quelques-uns des siens la robe de cet homme.

(Les bourreaux ramassent les habits et sortent.)

SCÈNE II

LES MÊMES, *moins les bourreaux.*

GISMAS

Quelle atroce torture ! O Christ, à mon secours !

DISMAS

Sauve-nous de la croix !

GISMAS

Ou mets fin à nos jours.
Il ne peut rien. Il fut, dit-on, un faux prophète.
Dans mes veines quels feux, et quels coups dans ma tête !

DISMAS

Le sang coule brûlant sur mes membres glacés.

GISMAS

Nous sommes comme toi par les Juifs transpercés.

CAIPHE

Entends-tu les voleurs invoquant ta puissance ?
Ecoute leur prière et calme leur souffrance.

DISMAS

A l'injure il paraît, ô Gismas, étranger.

GISMAS

C'est un fourbe, à nos maux il pourrait bien songer.

DISMAS

Non, ne l'insulte pas.

GISMAS

Dismas, que veux-tu dire ?
Tu deviens insensé.

DISMAS

Gismas, pour le maudire,
Il faudrait ne pas voir sa constante bonté.
Comme lui nous souffrons et l'avons mérité.

EPHRAIM

Jésus, c'est d'un voleur qu'il reçoit les louanges.

BEN-JOEL

Dans le jardin, d'un Père il invoquait les anges.

SADOC

Ses maux éclaircront les esprits égarés.

DISMAS

Souvenez-vous de moi, Seigneur, quand vous serez
Dans votre royaume.

CAIPHE, *avec un rire de mépris.*

Ah ! ah ! l'aimable prière !
Son royaume n'est pas celui de la lumière,
Mais c'est l'enfer.

LE CHRIST

En vérité, je te le dis,
Tu seras avec moi, ce jour, en Paradis.

ANNE, *avec dédain.*

En Paradis !

CAIPHE

Le Ciel ! Est-ce lui qui le donne ?

SADOC

Aux voleurs, comme à nous, en Seigneur il pardonne.

ANNE

Il s'est dit Fils de Dieu !

CAIPHE

Pourquoi donc tant souffrir ?
Un Fils de Dieu peut-il sur une croix mourir ?

(Au Christ.)

Descends et prouve-nous ta céleste origine.

EPHRAIM, *avec un geste de colère.*

C'est l'heure, montre-nous ta colère divine,
Je t'insulte et maudis, allons terrasse-moi.

BEN-JOEL, *avec des gestes de moquerie.*

Pilate écrit : Jésus de Nazareth, le Roi
Des Juifs !... Le Roi !... C'est vrai, ton diadème
Fait rayonner ton front d'une gloire suprême !
O roi, je te salue ! Devant toi prosterné,
Aux pieds de ta grandeur tu me vois incliné.

EPHRAIM

A ses sujets, un roi s'impose et les commande,
Prends un trône plus beau ; ta gloire le demande.

ANNE

Voyez donc, il frissonne.

BEN-JOEL

Il n'a rien que d'humain,
Et la mort le saisit d'une implacable main.

EPHRAIM

Une froide sueur de son visage coule,
Et sa tête remue... il contemple la foule.

SADOC

Et ses membres raidis commencent à trembler

EPHRAIM

Et sa lèvre est sanglante.

PLUSIEURS

Il meurt...

D'AUTRES

Il va parler.

BEN-JOEL

Non, à son Paradis si beau sans doute il songe.

LE CHRIST

J'ai soif.

PLUSIEURS

Le Christ a soif ! Apportez une éponge.

JULIUS *prend une éponge qu'il fixe à un roseau.*
La voici ! Je la trempe en ce vase de fiel.

BEN-JOEL

C'est bien. Sa bouche aurait plutôt choisi le miel.
*(Le soldat présente l'éponge aux lèvres du Christ qui
refuse de boire.)*

PLUSIEURS

Bois donc... Il ne veut pas.

EPHRAIM

    Les pêcheurs à leur table
T'ont versé bien des fois un vin plus délectable.

CAIPHE, *avec effroi*.

Regardez, du soleil le disque est empourpré,
  (Les ténèbres envahissent graduellement la scène.)
D'un nuage sanglant il paraît entouré.

BEN-JOEL

Allons, Galiléen, tu connais la torture.

CAIPHE, *avec effroi*.

On dirait que la nuit envahit la nature.

ANNE

Et c'est la neuvième heure.

CAIPHE

    A l'horizon lointain
Scintillent les rayons de l'astre du matin.

SADOC

Tout se tait : et les cieux, et les monts, et la plaine.

EPHRAIM

La nuit vient et partout d'ombres la terre est pleine.

PLUSIEURS

O Christ, parle et rends-nous la lumière.

UN ASSISTANT, *avec crainte*.

      Moins fort !

PLUSIEURS

Que craignez-vous ?

PLUSIEURS

  Mais lui !

CAIPHE

    Le Christ attend la mort.

PLUSIEURS

S'il était Fils de Dieu ?

CAIPHE

  Dérision suprême !
Il en a tant sauvé, qu'il se sauve lui-même !

LE CHRIST

Eloï ! Eloï ! Lamma Sabactani !

PLUSIEURS, *avec effroi.*

Que dit-il ?... Je ne sais... Pour lui tout est fini.

EPHRAIM

Il veut boire.

(Un soldat prend une éponge.)

BEN-JOEL, *tremblant.*

Attendez, si l'on voyait peut-être,
Pour délivrer le Christ, un prophète apparaître !

CAIPHE, *à Ben-Joël.*

Mais pourquoi tremblez-vous ?

BEN-JOEL, *tremblant.*

Moi, mais le jour s'enfuit,
Et son grand corps tout blanc dans cette obscure nuit...

CAIPHE

Ne craignez rien, bientôt il cessera de vivre.
Il se confie à Dieu, que son Dieu le délivre.

PLUSIEURS, *dans la foule.*

Fuyons... J'ai peur... Le sol devant nous peut s'ouvrir !

EPHRAIM

Au Calvaire avec lui s'il nous faisait mourir ?

CAIPHE, *baissant la tête.*

Je pars. L'obscurité qui nous couvre est étrange.

ANNE, *même geste.*

Votre conseil est bon, sans terreur je m'y range.

SADOC, *qui tremble.*

Avoir peur, moi, jamais ! Puis dans quelques moments,
Par le trépas, du Christ finiront les tourments.

(Il fait un mouvement pour sortir.)

PLUSIEURS, *dans la foule, se frappant la poitrine.*

C'est un juste... La nuit de son ombre l'abrite !...
Dieu qui veut le venger, contre Sion s'irrite !...

*(Les sanhédrites et les Juifs sortent précipitamment
avec des mouvements d'effroi.)*

SCÈNE III

LONGIN ET LES GARDES. *Ils entourent la croix.*

LONGIN

Ils s'enfuient pleins de crainte et ne troubleront pas
De ce Crucifié le douloureux trépas. (1)
(*Longin sombre et interrogeant l'obscurité.*)
Les astres de la nuit rayonnent dans l'espace ;
La terre et l'infini se contemplent en face ;
Le ciel s'étend plus sombre, immense, illimité,
Comme un temple rempli de la divinité.
Ce Christ agonisant au-dessus de la terre
Demeure enveloppé d'un auguste mystère.
Peut-être au Dieu caché désire-t-il s'unir
En face d'une mort qui ne peut pas venir ?
Qu'est-il ? Pourquoi sa voix est-elle si puissante ?
Dans un mot de pardon pourquoi retentissante
A-t-elle ainsi troublé du monde le repos ?
Pourquoi le vent qui passe avec de longs sanglots ?...
(*Il regarde au loin.*)
Quoi !... d'autres dans ces lieux osent encor se rendre !
La pitié, peuvent-ils ces hommes la comprendre ?
Gardes ! serrez vos rangs et que du Golgotha...
(*Se reculant.*)
Mais non, c'est une femme... O soldats, laissez-la.

SCÈNE IV

LES MÊMES, LA VIERGE, SAINT JEAN, MARIE-MADE-
LEINE, LES SAINTES FEMMES, MARIE SALOMÉ,
MARIE, *mère de Jacques,* JEANNE.

LONGIN, *très lentement.*

De Jésus c'est la mère et son amour l'amène.
Que pas un d'entre vous n'ose troubler sa peine !
Elle voit de son Fils le visage sanglant,
Elle reste debout, et, sur son front tremblant,
Le sang du malheureux goutte à goutte s'écoule,
Ses yeux sont pleins des pleurs que son âme refoule.
(*Après un instant.*)

(1) Les 12 vers suivants peuvent être supprimés.

Elle arrête sur lui son regard, et troublé
Le Christ ne paraît pas en être consolé.
S'il en voulait d'un mot calmer la peine amère ?

LE CHRIST

Femme, voilà ton fils, Enfant, voilà ta mère.
(*La Vierge regarde saint Jean et s'appuiesur lui.*)

LONGIN

Il trouve des amis à son dernier moment,
Une mère est d'un cœur le plus beau testament.
                    (*Après un instant, il regarde le Christ.*)
Il frémit... et le sang sur ses membres s'arrête,
A clore ses douleurs la mort enfin s'apprête.

LE CHRIST

Je remets mon esprit, mon Père, entre vos mains.

LONGIN

Son Père ! est-il un Dieu qui régit les humains ?
S'il ne le voulait pas, on dirait que la vie
De son corps ne pourrait jamais être ravie,
Qu'il ne serait jamais dans la tombe enfermé.
(*La terre tremble, l'orage commence à gronder, éclairs.*)
Il va parler encore.

LE CHRIST

Oui ! tout est consommé !

LONGIN

Sa voix reste la même ! Au bout de sa carrière,
Il semble encor s'unir à Dieu par sa prière.
                              (*La foudre redouble.*)
Du ciel tout le courroux frapperait-il ce lieu ?

LE CHRIST, *dans un grand cri.*

Ah ! Ah !
(*Il baisse la tête et expire, la terre tremble, la foudre éclate,
    le rocher s'ouvre*)

LONGIN, *levant la main vers le Christ.*

Cet homme était vraiment le Fils de Dieu.
                    (*La Passion peut s'arrêter ici.*)

LONGIN (1)

Comme il est resté grand jusqu'à la mort ! non ! Rome,
Athènes, Sparte, non, jamais n'auront vu d'homme,
En mourant, accablé dans un tel abandon,
De ses propres bourreaux implorer le pardon ?
Socrate est noble et beau quand il prend le breuvage.
Sa force est d'un héros et son calme d'un sage ;
Mais ses amis, pleurant dans sa triste prison,
Adoucissaient pour lui les effrois du poison.
Et pour le Christ, personne ! Il est seul dans sa peine,
Sa mère est impuissante et le console à peine.
Mis au rang des voleurs, il s'élève au milieu,
Toujours bon ! Oui ! sa mort reste celle d'un Dieu.

SCÈNE V

LES MÊMES, LES BOURREAUX, *armés de barres de fer.*

LONGIN

Que voulez-vous ?

UN BOURREAU, *montrant le Christ.*

Afin d'abréger sa torture
De ses membres sanglants opérer la fracture.

LONGIN

Il est mort.

LES BOURREAUX

Non ! jamais !

LONGIN

Approchez et voyez.

PREMIER BOURREAU

Plus d'une fois, combien d'autres crucifiés
Restaient agonisants.

TROISIÈME BOURREAU

En son cœur, trop hâtée
Sous les efforts du mal, sa vie est arrêtée.

(1) **La tirade de Longin peut être supprimée.**

PREMIER BOURREAU

Pilate nous a dit d'agir.

LONGIN

Je ne puis pas.
Vous laisser mutiler un corps que le trépas
Dans ses liens fatals et pour jamais enlace.

PREMIER BOURREAU, *avec cynisme.*

Il ne souffrira plus, s'il est mort.

DEUXIÈME BOURREAU, *aux soldats.*

Faites place,
Soldats, écartez-vous.

PREMIER BOURREAU

Nous voulons en finir.
Je prends la barre.

(Il lève sa barre de fer.)

LA VIERGE, *entourant la croix de ses bras.*

Oh ! non !

PREMIER BOURREAU

Vouloir nous retenir
Du Grand-Prêtre serait provoquer la colère.
C'est la Pâque.

LONGIN

Et qu'importe !

DEUXIÈME BOURREAU

Il faut encor lui plaire,
Les étrangers, demain, s'enfuiraient tout tremblants,
S'ils voyaient suspendus les cadavres sanglants.

PREMIER BOURREAU

Je frappe sur la jambe.

DEUXIÈME BOURREAU

Et moi sur la poitrine.

TROISIÈME ET QUATRIÈME BOURREAUX

Moi, sur le bras.

LONGIN

Craignez la justice divine.

PREMIER BOURREAU

La justice ici-bas n'est rien qu'un mot trompeur
Dont tous les condamnés et les simples ont peur.

MARIE, *enlaçant la croix, Madeleine la suit.*

Défendez-moi, Jésus !

PREMIER BOURREAU

En avant, je m'élance.

LONGIN, *levant sa lance.*

Non, je vais le percer par le fer de ma lance,
Son corps ne craindra plus l'outrage d'un bourreau.
(Il frappe, un jet de sang s'écoule, puis de l'eau.)

MARIE

O mon Fils !

JEAN ET MADELEINE

O mon Dieu !

LONGIN, *avec stupéfaction.*

Quoi ! du sang et de l'eau !
Qui jaillissent en flots pressés ; quand toute vie
A son corps déchiré par la mort est ravie.
*(Après un moment, il se précipite à genoux devant
le Christ.)*
Tu me vois à genoux, ô Christ, devant ta croix.
Je renonce à mes dieux, c'est en toi que je crois.
J'irai dans l'univers et rendrai témoignage,
Que j'ai de ta grandeur vu le suprême gage
L'eau qui se mêle au sang sorti de ton côté
Eclaire ton trépas de ta divinité. (1)

(Rideau.)

(1) On peut encore terminer ici la Passion. Si l'on veut faire
l'apothéose du Christ, on chantera ou l'on récitera les vers du
Coryphée, puis le Christ apparaîtra dans sa gloire, sur son tombeau. Il est encore plusieurs manières de terminer le drame
suivant les ressources dont on dispose.

NEUVIÈME PARTIE

Le Repos et la Gloire.

LE CORYPHÉE

Le troisième jour va paraître !
Déjà, la nuit,
Devant l'aurore qu'on voit naître,
S'évanouit.

Le tombeau reste solitaire
Dans le jardin
Qui se réveille sur la terre,
Dès le matin.

La mort a fermé sa paupière.
Le Roi des cieux
Repose étendu sur la terre
Silencieux.

Il semble que tout l'abandonne,
Ne craignez pas ;
C'est son amour qui l'emprisonne,
Non le trépas.

La tombe qu'avant de se taire
Il défia,
Ne peut l'enchaîner sous la terre
Alleluia !

QUINZIÈME TABLEAU
La Descente de la Croix.

SCÈNE PREMIÈRE

LE CHRIST *sur la croix*, LA VIERGE, JEAN, MADELEINE, LES SAINTES FEMMES, LONGIN, LES SOLDATS ROMAINS

JEAN, *avec piété.*

Des oracles sacrés s'éclaire le mystère ;
Le ciel s'ouvre devant le Sauveur de la terre.

MARIE SALOMÉ

Au trouble de ces lieux le calme a succédé.

MARIE, *mère de Jacques.*

Sous un choc inconnu le Calvaire a cédé,
Et le monde en tremblant partagea la colline.

JEANNE

La croix de Jésus-Christ sur la fente s'incline.

MARIE SALOMÉ

De ses membres glacés et pâlis par la mort
Goutte à goutte le sang s'écoule avec effort.

JEANNE

Dans le soir du printemps si doux qui l'environne,
Il paraît resplendir sous sa rouge couronne.
Le soleil qui s'éteint, dans un suprême adieu,
Par un dernier rayon semble vêtir son Dieu.

LA VIERGE, *regardant le Christ.*

O mon Fils !

MADELEINE

O Jésus !

JEAN

Votre bouche est fermée
Et je n'entendrai plus votre voix bien-aimée.

LA VIERGE, *avec angoisse.*

Mon Enfant, de la croix qui vous détachera ?

MADELEINE

Et dans votre tombeau qui vous déposera ?

SCÈNE II

LES MÊMES, THADDÉE

THADDÉE, *arrivant en courant.*

Le Temple est dans l'effroi, la Cité dans la crainte ;
Sur les fronts de beaucoup la tristesse est empreinte.
Quand, dans un dernier cri, le Sauveur expira,
Du Saint des Saints le voile en deux se déchira ;
Comme par une main la colonne emportée
Fut, avec le tissu, dans le Temple jetée.
L'autel de Jéhovah parut à tous les yeux.
« — De Sion Dieu s'enfuit, » disaient les Juifs pieux.
« — Les blasphèmes du Christ soulèvent sa colère, » —
Leur répondait Caïphe et plusieurs pour lui plaire.
Mais voilà que soudain on entend d'autres voix :
« — La mort a du tombeau bouleversé les lois.
Les sépulcres des saints se sont ouverts, et vides
Ils n'offrent que la pierre aux yeux des plus avides.
Ils n'ont plus d'ossements, Dieu les a retirés. » —
Et des prêtres, alors sombres et concentrés,
Pour le crucifié, toujours la même haine,
Comme s'il guérissait ou parlait, se déchaîne.
Mais les voici.

MADELEINE

Seigneur ! Oh ! ne leur livrez pas
Celui que leur malice a conduit au trépas.

SCÈNE III

LES MÊMES, BEN-JOEL, PLUSIEURS PRÊTRES

BEN-JOEL, *à Longin.*

Au jour du grand Sabbat, les croix de ces infâmes
Des Juifs purs et croyants pourraient troubler les âmes ;
Il faut qu'avant la nuit les corps soient détachés,
Et qu'ensemble un tombeau les renferme cachés.

LONGIN

J'attends un ordre écrit de la main de Pilate.

BEN-JOEL

De l'obtenir bientôt ma prudence se flatte.
En attendant creusez une fosse pour trois ;
Puis non loin d'elle un trou plus large pour les croix
(*Il va pour sortir. Un légionnaire entre suivi de Joseph
d'Arimathie, de Nicodème et de deux serviteurs.*)

SCÈNE IV

LES MÊMES, UN LÉGIONNAIRE, JOSEPH D'ARIMA-
THIE, NICODÈME. *Deux serviteurs, qui portent des suaires,
des parfums et des vases.*

LE LÉGIONNAIRE, *à Longin.*

Pilate veut savoir si le Christ est sans vie.

LONGIN

Quand la terre a tremblé, l'âme lui fut ravie,
Et le fer de ma lance ouvrit alors son flanc.

LE LÉGIONNAIRE, *après avoir contemplé et touché le Christ.*

Dans son corps déchiré ne reste plus de sang.

BEN-JOEL

Je l'avais dit. Otez du gibet cet infâme,
La Pâque ouvre ce soir et Caïphe le réclame.
Il ne faut qu'un instant pour les ensevelir.
Du Grand-Prêtre la loi doit toujours s'accomplir.

LE LÉGIONNAIRE

De Pilate plutôt la volonté s'impose.
Joseph, en son tombeau, désire qu'il repose,
Et Pilate a transmis cet ordre de sa main.
(*A Ben-Joël et aux soldats.*)
Vous tous, obéissez au proconsul romain.
(*Il sort.*)

SCÈNE V

LES MÊMES, *moins le Légionnaire.*

LA VIERGE

Merci, mon Fils, d'avoir fini votre carrière,
En acceptant mes soins pieux et ma prière.

BEN-JOEL, *avec des gestes de menaces.*
Pour l'honorer que sont d'inutiles efforts ?
Nos mains l'enchaîneront, même parmi les morts.
(Il sort, les soldats s'éloignent sur un côté de la scène.)

SCÈNE VI

LES MÊMES, *moins Ben-Joël. Les serviteurs de Joseph
sortent un instant et reviennent avec des échelles qu'ils
appuient contre la croix. C'est pendant le dialogue suivant
que s'opère la descente de la croix.*

MADELEINE
Hâtez-vous de l'ôter du lieu d'ignominie,
La honte de sa croix est à jamais finie.
Il n'est plus, parmi nous aucun ne le verra...
Et c'est dans le tombeau qu'il se reposera !
(Au Christ.)
O Seigneur ! il est temps que notre amour vous rende
De sa fidélité la légitime offrande. (1)
NICODÈME, *à Joseph d'Arimathie.*
Il est monté sur une échelle et Joseph sur une autre.
Enlevez sa couronne.
*(Joseph ôte la couronne que reçoit une des saintes
femmes.)* *(Aux serviteurs.)*
Et vous ! tenez ses bras
En retirant les clous.
(Les serviteurs obéissent.)
Joseph, tu poseras
Ce lin dessous la croix le tournant en ceinture.
JOSEPH D'ARIMATHIE, *avec piété.*
Je puis compter vos os, Maître de la nature.
LA VIERGE, *devant la croix.*
Mon Jésus !
NICODÈME
Détachez les deux pieds à la fois.
Jean, prends-les.
*(Jean prend les pieds que viennent de déclouer les ser-
viteurs.)*

(1) La fin du tableau peut être supprimée.

> Supportons doucement tous les trois
> Le corps meurtri pendant que sur le bois il glisse.

(Aux serviteurs.)

> Entourez les côtés de peur qu'il ne faiblisse.

> *(En descendant le corps, il appuie la tête du Christ sur sa poitrine.)*
> Mon divin Rédempteur, votre front est glacé.

JOSEPH D'ARIMATHIE

> Du sang coule toujours de son cœur transpercé.

(Ils arrivent en bas.)

LA VIERGE

> Oh ! donnez-moi mon Fils !

> *(La Vierge s'assoit. On dépose doucement le Christ à
> ses pieds, la tête dans les bras de Marie.)*
>   Après ta mort amère,
> Repose, mon Jésus, sur le cœur de ta mère.
> Au premier de tes jours sur lui je vis ton front,
> Au dernier sur mon sein tes membres dormiront.
> Sois en paix dans mes bras.

(Après un instant.)

>   La puissance infinie
> Au corps de mon Jésus reste toujours unie ;
> Si la mort, en ses mains, l'enlace désormais ;
> Le Dieu vivant demeure avec lui pour jamais.
> Prions, amis, devant ce nouveau tabernacle.

(Elle reste recueillie un instant.)

> Tu n'as jamais été plus grand et nul miracle,
> Mon Fils, plus que ta croix ne peut offrir aux yeux
> La preuve que tu fus le Créateur des cieux.

(Après un instant.)

> Nulle douleur ne fut semblable à ta souffrance,
> Nulle ne peut aussi laisser plus d'espérance.
> Je le sais... Et pourtant puis-je arrêter mes pleurs
> En voyant les effets sanglants de tes douleurs ?

(Après un instant.)

> O mon Fils ! toi si bon, tout couvert de blessures !
> A tes pieds, à tes mains d'horribles meurtrissures !
> Ton visage et ton front ont été leur jouet !
> Sur ton sein, sur ta chair, les sillons du fouet

Forment comme un réseau de pourpre qui t'enlace !
A mes baisers leurs coups n'ont pas laissé de place.
Partout du sang, partout ! et rien ne reste en toi
Qui n'eût pas de leur haine à supporter la loi.
   *(Elle se penche sur le front de son Fils, tous sont émus,
Madeleine est agenouillée à ses pieds.)*

JEAN

Non, rien... Ils ont percé son cœur même, et la terre
Peut de l'amour divin connaître le mystère.

JOSEPH D'ARIMATHIE, *s'approchant avec un vase d'eau
et une éponge.*

Mère, la nuit avance !

LA VIERGE, *revenant à elle.*

          Oui ! déjà ! Lui, si beau,
Lui, mon Jésus, je dois le donner au tombeau !
Je vais laver son front comme dans son enfance.
   *(Joseph lui donne l'éponge. La Vierge lave et embrasse
le Christ avec une divine piété.)*

MADELEINE, *s'inclinant sur les pieds du Christ.*

Sur ses pieds, je pourrai, sans craindre sa défense,
Cette fois appuyer ma lèvre et l'embrasser.

LA VIERGE, *continuant.*

Autrefois, dans ses bras, il savait m'enlacer,
Et ce soir !... mon Jésus ! Quel lourd chagrin m'oppresse !
Donne-moi du courage en ma sombre détresse.
Je te verrai bientôt, je le sais, je le crois ;
Mais ton sang est encor trop vermeil sur la croix,
Et trop cher a coûté leur salut et ta gloire
Pour ne pas voir mes pleurs s'unir à ta victoire.

(Rideau.)

8

SEIZIÈME TABLEAU
La Résurrection.

Le théâtre représente le tombeau du Christ. Les gardes veillent en silence.

SCÈNE PREMIÈRE
ELYMAS, MALCHUS, NAHUM, BARUCH, BEN-JOEL, SADOC.

BEN-JOEL, *regardant attentivement les bandelettes scellées de rouge qui entourent la pierre du tombeau.*

La nuit s'écoule en paix, couvrant du criminel
Sur la pierre étendu, le sommeil éternel.

SADOC

La mort doit accomplir son œuvre sous la roche,
Et ce n'est pas pour lui que cette aurore approche.

BEN-JOEL

Gardes, tout est resté calme et silencieux ?

MALCHUS

Oui, mais plus doux paraît le printemps sous les cieux,
Et la brise en passant verse dans son haleine
Un plus suave encens au-dessus de la plaine.
On dirait que le ciel pare de ses couleurs
Les pâles oliviers et les palmiers en fleurs.

BEN-JOEL

Mais le Crucifié, sous le sceau du Grand-Prêtre,
En brisant le tombeau n'a pas osé paraître ?

MALCHUS

A nos appels divers, par ses trilles joyeux,
Le rossignol a seul répondu dans les cieux.

SADOC

Il chantait de Sion la victoire... Qu'on veille,
C'est l'heure ! Et tout le jour si notre Christ sommeille,
Nous saurons qu'il n'était rien qu'un vil imposteur.

BEN-JOEL

Il affirmait naguère aux Juifs, ce séducteur :
« Je ressusciterai. » Je pus l'entendre même
Dire : « Vous me verrez vivant au jour troisième. »
(Menaçant le tombeau.)
Toi, Jésus, qui fixas des bornes à la mort,
Du tombeau si fatal montre comment l'on sort.
Sous les sceaux nous avons arrêté cette pierre,
Brise-les. A l'aurore entr'ouvre ta paupière.
Elle vient, l'horizon déjà se frange d'or,
Et l'oiseau jette au ciel ses premiers cris.

SADOC

Il dort.

BEN-JOEL

Il dormira toujours et Caïphe heureux pense,
O soldats vigilants, à votre récompense.
Quand ce troisième jour en paix se finira,
Vous reviendrez au Temple et ma main vous paiera.
(Il sort suivi de Sadoc.)

SCÈNE II

LES GARDES, ELYMAS, BARUCH, NAHUM, MALCHUS.

ELYMAS

Comme ils ont peur de lui ! Il n'est plus, pourquoi craindre?

NAHUM

Oui ! les lois du tombeau, nul ne peut les enfreindre.

BARUCH

A la mort, un Dieu seul pourrait nous arracher.

NAHUM

Ce n'est pas un pêcheur qu'il s'en irait chercher.

MALCHUS, *avec effroi.*

Un pêcheur !... Sa mort fut étrange... La nature
Peut-elle s'indigner en suivant l'imposture ?
Et le sol a tremblé, le rocher s'est fendu,
Et le voile du temple est resté suspendu,

Déchiré, laissant voir, à l'œil le plus vulgaire,
Les séraphins, l'autel, au fond du sanctuaire.
J'aimerais mieux braver la mort dans les combats
Que veiller de ce Christ, en ce jour, le trépas.

NAHUM

Et tu crois qu'il pourrait revivre ?

BARUCH

C'est folie !

ELYMAS, *avec crainte.*

Quand on est mort, tout est mort, et chacun oublie
Même jusques au nom de ceux qui ne sont plus,
Il en sera, crois-moi, de même pour Jésus.

(*Ils écoutent silencieux.*)

Quelque chose d'étrange en ce jardin se passe,
Et l'air semble en tremblant s'agiter dans l'espace.

SCÈNE III

LES MÊMES,

DES FANTOMES *vêtus de blanc viennent entourer le sépulcre.*

NAHUM, *avec effroi.*

Regardez ! On dirait des spectres prosternés.

BARUCH

Vers le tombeau du Christ, ils se sont inclinés
Comme si, pour ce mort, la divinité même
Aux ombres demandait un hommage suprême.

(*Les ombres sont à peine visibles.*)

ELYMAS

O stupeur ! sur leurs os la chair semble avancer !
On dirait qu'une main sans bruit vient la tisser.

NAHUM

Je vois des traits, peut-être à ces pâles visages
S'imposent les grands noms qu'ont chanté les vieux âges ?

BARUCH

Les fantômes debout regardent le rocher !

ELYMAS

Ils montent vers le ciel. Qu'y vont-ils donc chercher ?

BARUCH

Mais le soleil qui brille en éveillant la terre,
Vient éclairer enfin le tombeau solitaire.
(Le soleil éclaire l'horizon; la terre tremble plusieurs fois)

SCÈNE IV

LES MÊMES. LE CHRIST. *Il apparaît lumineux sur le tombeau. Les ombres se prosternent, puis l'entourent dans un
groupe gracieux en agitant des palmes, quelques-unes peuvent
avoir des emblèmes qui les fassent reconnaître : David et sa
lyre ; Melchisédech et le calice ; Abraham et le couteau du
sacrifice, Isaac, Ezéchiel, Daniel etc... L'ange écarte ensuite
la pierre.*

NAHUM, *avec effroi, il tombe à la renverse.*

C'est lui !

ELYMAS

Le Christ vêtu de lumineux rayons.

BARUCH

Il s'élève et son ange brise les sceaux.

TOUS

Fuyons.
(Plusieurs tombent à genoux, d'autres se cachent le visage.)

ELYMAS

La terre tremble !

BARUCH

Il vit, fidèle à sa parole.

NAHUM

Ressuscité !

ELYMAS, *qui regarde, puis tombe à genoux.*

Sur son tombeau quelle auréole !
O Christ, pardon !...

BARUCH, *se relevant.*

Je pars.
*(Le Christ disparaît avec les ombres, un ange se montre,
il renverse la pierre du tombeau et s'assoit dessus.)*

SCÈNE V

LES MÊMES, BEN-JOEL
Tous se tiennent sur un côté du théâtre.

BEN-JOËL

Gardes, que faites-vous ?
Les yeux hagards, pourquoi trembler à deux genoux.

LES GARDES, *montrant le tombeau.*

Regardez !

BEN-JOEL

Du tombeau la pierre est renversée.

BARUCH, *avec terreur, en se relevant.*

Et dans son blanc manteau cette ombre redressée !

BEN-JOEL, *avec crainte.*

Oui ! je vois.

ELYMAS

Approchez.

BEN-JOEL, *reculant.*

Des soldats avoir peur !
Vous êtes les jouets d'un fantôme trompeur.

NAHUM

Allez voir...

BEN-JOEL

Oh ! non ! non ! mais votre erreur me navre,
Je devine... ils ont pu soustraire le cadavre....

MALCHUS

Nous avons surveillé le tombeau jusqu'au jour.

BEN-JOEL

Pendant que vous dormiez en cet obscur séjour ?...

LES GARDES

Dormir ! Oh ! non !... Mais là ! là !

ELYMAS, *en s'en allant.*

Cet esprit me glace,
Son regard m'épouvante et je cède la place.

(Tous font un mouvement pour s'éloigner.)

BEN-JOEL, *s'approchant des gardes.*

Attendez ! Que chacun m'écoute !

BARUCH *tremblant.*

Mais ici !

Le tombeau !

NAHUM

Cette pierre !

BARUCH

Et là-bas, celui-ci !

BEN-JOEL, *à voix basse, avec effroi.*

Un seul mot ! Il faudra dire à tous que les ombres
Des méchants ont aidé les projets les plus sombres,
Que du Galiléen les disciples venus
Ont emporté son corps dans des lieux inconnus.
Vaincus par le sommeil, en ouvrant la paupière,
Au jour vous avez vu leurs traces sur la pierre.

BARUCH

Mais, si l'on dort, que voir ?

BEN-JOEL, *en suivant les gardes.*

Tous, vous m'avez compris,
Gardes, de votre zèle, allons toucher le prix.

(*Ils sortent.*

SCÈNE VI

L'ANGE, MADELEINE, JEANNE, MARIE SALOME,
MARIE, *mère de Jacques. Elles arrivent quand les gardes
disparaissent.*

MARIE SALOMÉ

Qui pourra nous ôter la pierre, quand nous sommes
Seules, dès ce matin, il nous faudrait des hommes.

MADELEINE

Dans ce jardin, pourquoi s'étaient-ils donc rendus
Les prêtres qui passaient en fuyant éperdus ?

JEANNE, *qui regarde le tombeau.*

O Ciel ! soutenez-moi.

TOUTES

La tombe ouverte est vide !

MARIE, *mère de Jacques.*

Jusqu'au bout de vengeance et d'insultes avide,
Caïphe n'a pas craint de profaner ce lieu.

MADELEINE

N'arrêterez-vous pas ces pervers, ô mon Dieu !

L'ANGE

Femmes, que cherchez-vous ?

TOUTES, *tremblantes.*

Le Sauveur, notre Maître.

MARIE SALOMÉ, *avec effroi.*

Ces parfums, nous voulions à ses pieds les remettre.

MARIE, *mère de Jacques.*

Puis toutes sur son corps sanglant pleurer aussi.

L'ANGE

Jésus de Nazareth, femmes, n'est plus ici.
Il est ressuscité comme il a dit lui-même.

TOUTES

Ressuscité ! Jésus !

MARIE SALOMÉ

Le doux Sauveur que j'aime ?

MADELEINE

Non, ces gardes menteurs l'ont emporté, j'irai
Trouver Pierre ; avec lui je le délivrerai.

(Elle sort avec précipitation.)

SCÈNE VII

LES MÊMES, *moins* MADELEINE

MARIE SALOMÉ

Je tremble de frayeur.

L'ANGE

Mais pourquoi cette crainte ?
Entrez donc et voyez marqué de son empreinte
L'endroit où l'ont posé naguère ses amis.

MARIE, *mère de Jacques, entrant dans le tombeau.*

De joie et de terreur, ô Seigneur, je frémis...

JEANNE, *la suivant avec Marie Salomé.*

Votre auguste grandeur, Jésus, s'est révélée.

L'ANGE

Comme il vous l'a prédit, c'est dans la Galilée
Qu'avec les siens encore il doit s'entretenir.
Rendez-vous auprès d'eux. Faites-les souvenir
Qu'il avait annoncé sa gloire et son supplice.
Il faut que du Seigneur le dessein s'accomplisse.
Jésus devait mourir, mais aussi du tombeau,
Par sa force il devait ressusciter plus beau.

(Les saintes femmes sortent du tombeau.)

MARIE SALOMÉ

Hâtons-nous d'avertir les Apôtres et Pierre.
Ils verront le sépulcre et près de lui la pierre.

(Elles vont pour s'éloigner.)

SCÈNE VIII
LES MÊMES, LE CHRIST

LE CHRIST

Salut !

MARIE SALOMÉ

C'est le Seigneur !

(Toutes tombent à genoux.)

LE CHRIST

Eloignez tout effroi.

MARIE SALOMÉ

O Maître ! Est-ce bien vous ?

JEANNE

Notre Dieu ? Notre Roi ?

LE CHRIST

Oui ! Je le suis !

(Il montre ses mains percées.)

Voyez.

MARIE, *mère de Jacques, avec émotion.*

Quelle est votre puissance ?
Nous pleurions ce matin votre cruelle absence ;
Et c'est vous ! Vous vivant ! Le Christ ressuscité !...

LE CHRIST

Mes frères connaîtront par vous la vérité.
Femmes, allez vers eux, changez en allégresse
L'angoisse et la douleur dont le poids les oppresse,
C'est dans la Galilée où je les attendrai.
Qu'avec le même amour pour eux je les verrai.

(Le Christ les bénit et disparaît.)

SCÈNE IX

LES MÊMES *moins Le Christ.*

MARIE, *mère de Jacques.*

C'était lui !

MARIE SALOMÉ

Le Sauveur !

JEANNE

Je connais les Apôtres,
Ils ne croiront jamais, ni les femmes, ni d'autres
Et quand même Jésus devant eux paraîtrait,
Leur esprit incertain encore hésiterait.

MARIE, *mère de Jacques.*

Attendons ! quand le Maître aura parlé, leur âme
Sera plus attentive à la voix d'une femme.

(Elles sortent.)

SCÈNE X

L'ANGE, JEAN, *L'ange se dissimule quand Jean entre.*

JEAN, *avec surprise.*

Oui ! la tombe est ouverte.
(Il s'approche et se penche sur l'ouverture du tombeau.)
Et Jésus n'est plus là.
J'attends Pierre, avec lui j'entrerai.
(Il regarde.)
Le voilà !

PIERRE

Le Sauveur ?

JEAN, *montrant le tombeau.*

Vois, ô Pierre !

PIERRE, *regardant, puis entrant sur le seuil du sépulcre.*

On dirait que le Maître
A sa place au réveil a voulu tout remettre.
Les suaires sont là pliés, et le linceul
Qui dérobait son front, se voit à part, tout seul.

JEAN, *avec émotion.*

Il commande à la mort aussi bien qu'à la vie ;
Son âme dans sa chair, quand sa voix la convie,
Retourne sans effort et lui rend sa beauté.

PIERRE, *tombant à genoux.*

Que je voudrais vous voir, ô Christ ressuscité !
    *(Jean s'éloigne, Pierre reste seul et contemple le sépulcre
avec émotion.)*

SCÈNE XI
PIERRE, LE CHRIST.

LE CHRIST

Me voici.

PIERRE, *à genoux.*

Mon bon Maître !

LE CHRIST

O Pierre, mon apôtre !
A toi je veux montrer ma gloire avant tout autre.

PIERRE

O Fils du Dieu vivant !

LE CHRIST

Tu l'as dit.

PIERRE

Je le crois.

LE CHRIST

Va donc prêcher à tous mon amour et ma croix.
    *(Le Christ disparaît, Pierre s'éloigne, l'ange est toujours
près du tombeau.*

SCÈNE XII
L'ANGE, MADELEINE

MADELEINE, *regardant le sépulcre.*

Mon Jésus ! au tombeau je les sens vous poursuivre.
Madeleine sans vous peut-elle, ô Seigneur, vivre ?
Où sont vos doux regards et votre aimable voix ?
Plus rien dans cette tombe ouverte que je vois.

(Avec désespoir.)

Non rien ! Vos ennemis sont venus pleins de rage,
Jusqu'à votre cadavre ils ont porté l'outrage.

(Elle pleure.)

O Jésus ! le plus beau parmi tous les humains !
Vous qui sur la coupable avez tendu les mains,
Vous dont j'ai pu baiser les pieds, dont la tendresse
N'a pas craint d'accueillir l'indigne pécheresse,
En lui donnant la paix comme un suprême don,
Quand elle n'osait plus implorer son pardon !
Pourquoi me laisser seule en mes tristes alarmes ?
Je ne pourrai donc plus sur vous verser des larmes ?

L'ANGE

Femme, pourquoi pleurer ?

MADELEINE

               Mais quand nos ennemis
Ont pris mon doux Seigneur qu'en ces lieux j'avais mis,
Et quand je ne sais pas dans quels lieux il repose,
Vous demandez pourquoi je pleure ? Je suppose
Que vous ne savez pas ce qu'il était pour moi ;
Autrement vous verriez si juste est mon émoi.

(Elle se lève et se retourne.)

SCÈNE XIII
LES MÊMES, LE CHRIST

LE CHRIST

D'où viennent tes douleurs et que cherches-tu ?

MADELEINE, *sans regarder le Christ.*

                           Maître,
Vous gardez ce jardin et le savez peut-être.

Si vous l'avez ravi, dites-moi dans quel lieu
Vous avez déposé mon amour et mon Dieu,
Et je l'emporterai pour le garder.

LE CHRIST, avec une grande douceur.

Marie !

MADELEINE, avec émotion.

Mon bon Maître !

(Elle regarde, puis tombe à genoux.)
Oui, c'est vous le Sauveur que je prie !

LE CHRIST

Non, ne me touche pas, je ne suis pas monté
Vers mon Père et pour lui je suis ressuscité.
Près de mes frères va. Que chacun d'eux espère.
Tu leur diras ces mots : Je monte vers mon Père,
Afin de lui montrer comment j'ai dans ce jour
A sa justice uni sa gloire et mon amour.
Je monte vers mon Dieu ! Ce Dieu Père est le vôtre,
Il bénira celui qui sera mon apôtre.
Si vous croyez au Fils qu'il va combler d'honneur,
Sa bonté vous fera partager son bonheur.
Mais parmi les présents que sa main leur dispense,
C'est moi seul qui serai ta grande récompense.

(Rideau.)

DIX-SEPTIÈME TABLEAU

La Gloire.

Le théâtre représente le mont des Oliviers. Au moment où le rideau se lève, la Vierge est agenouillée aux pieds du Christ qui la bénit. D'un côté, à gauche, sont les disciples et les saintes femmes formant divers groupes. Tous les regards sont tournés vers le Christ. Les Apôtres sont à droite, seuls. Quand la Vierge s'est relevée après avoir baisé la main du Christ, elle se place à côté des Apôtres.

LE CHRIST, *regardant les Apôtres.*

Toute puissance m'a été donnée au ciel et sur la terre. Allez donc, enseignez toutes les nations, baptisez-les au nom du Père et du Fils et du Saint-Esprit. Apprenez-leur à garder tout ce que je vous ai ordonné.

(Il regarde tous ceux qui l'entourent et les bénit en disant :)

Voici que je suis avec vous, tous les jours, jusqu'à la consommation des siècles.

(Une vive lumière enveloppe le Christ qui s'élève dans les cieux, pendant que le rideau tombe lentement. — Musique triomphante comme sortie, soit l'Alleluia, soit le commencement du Te Deum.)

611-05. — Imprimerie des Orphelins-Apprentis, F. BLÉTIT, 40, rue La Fontaine, Paris.

ŒUVRES LITTÉRAIRES

Clovis à Tolbiac, drame historique, en quatre actes, en vers, pour jeunes gens. — Ce poème a reçu de nombreuses approbations. Librairie SAINT-PAUL, 6, rue Cassette : 2 fr.

La Mort de Roland, drame historique en cinq actes et en vers. — Ce drame a été joué dans des Cercles et de nombreuses maisons d'éducation, avec un grand succès. VICTOR RETAUX, 82, rue Bonaparte : 1 fr.

Madame de Lestonnac, drame historique composé pour les Filles de Notre-Dame, trois actes en vers, cinquième mille, (épuisé).

Les Entr'actes en monologues et saynètes, un fort volume. Plus de 80 morceaux en prose et en vers. 2ᵉ édition. — Paris, HATON.

Seize Saynètes en un acte, pour jeunes filles. Un fort volume. Paris, HATON.

L'Incendie du Bazar de la Charité, mystère en deux tableaux, suivi de plusieurs poèmes. (Deuxième mille). En vente chez l'auteur.

Le général de Lamoricière, drame historique en prose, en quatre actes, pour jeunes gens, avec une magnifique approbation de M. Keller, auteur de la vie de Lamoricière. — Paris, HATON.

Le docteur de 13 ans. (Jean Ramus). Opéra bouffe, deux actes en prose. Fidèle peinture des mœurs écolières du xvıᵉ siècle. — Paris, HATON.

Loigny et le drapeau du Sacré-Cœur, drame en trois actes, en vers, ne contenant que des rôles féminins. D'une émotion intense, montrant une véritable science théâtrale, ce drame en est arrivé promptement au cinquième mille. Ce drame historique, disait le Bulletin bibliographique, dans son numéro de décembre 1898, est à recommander sans restriction pour les pensionnats à clientèle distinguée... Les sentiments religieux et patriotiques les plus élevés s'y trouvent exprimés. *Librairie franciscaine missionnaire*. Vanves (Seine) : **1 fr.**

La Maison qui voyage, comédie en prose, en un acte, pour jeunes gens. Très amusante pour cercles et maisons d'éducation. VICTOR RETAUX, 82, rue Bonaparte : 1 fr.

Le paresseux récompensé, comédie en un acte, en prose, pour jeunes gens et enfants. A été jouée dans plusieurs pensionnats avec un grand succès. — Librairie HATON, rue Bonaparte : 1 fr

ŒUVRES LITTÉRAIRES *(Suite)*

L'arbre de Noël, pour jeunes filles. Très amusante comédie en prose, à jouer avant la distribution des jouets devant l'arbre lui-même. Paru dans le *Bulletin de la Première Communion.* — 1 fr. Librairie HATON, rue Bonaparte.

Pipelet, comédie en trois actes en prose, pour jeunes gens. Librairie Salésienne, 32, rue Madame.

Au drapeau, les fleurs de France, poème pour jeunes gens. Hommage du myosotis, du lys, de la rose, du bleuet, de la marguerite, du coquelicot, au *Drapeau* de la Patrie. Librairie Salésienne, 32, rue Madame.

Martyr du drapeau, monologue. Id.

L'histoire d'une Folie, 1 vol. chez Henri GAUTIER.

Les Victimes du brevet, 1 vol. id.

Pierrot à la lune, chansonnette comique. — Paris, HATON.

La mère Michel, chansonnette comique. — Paris, HATON.

Les Souricières, comédie en deux actes pour jeunes filles. 1 vol. Librairie HATON.

La Grand'mère de quinze ans, comédie en deux actes pour jeunes filles. Id.

Au violon, comédie en un acte pour jeunes gens. Id.

Le Clou de l'Exposition de 1900, comédie en un acte pour jeunes gens. Id.

Proverbes et Fables arabes, par Mgr DOUMANI, évêque de Tripoli de Syrie, et par M. le Chanoine DUBOIS, vicaire-général de Tripoli (Syrie).

POUR PARAITRE PROCHAINEMENT

Un Exotique à Paris, comédie en un acte pour jeunes gens. — Paris, HATON.

La Dame noire, comédie en deux actes pour jeunes filles. — Paris, HATON.

Madeleine, *(Magdala et Béthanie.)* Drame biblique, deux actes, en vers. Prélude de la Passion.